U0941791

优化自身

挖掘潜力

药店也能赚大钱

引爆药店成交率2

经营落地实战

范月明◎著

中华工商联合出版社

图书在版编目（CIP）数据

引爆药店成交率.2，经营落地实战/范月明著.—北京：中华工商联合出版社，2015.8

ISBN 978-7-5158-1400-1

Ⅰ.①引… Ⅱ.①范… Ⅲ.①药品－专业商店－商业经营 Ⅳ.①F717.5

中国版本图书馆CIP数据核字（2015）第191641号

引爆药店成交率2：经营落地实战

作　　者：范月明
责任编辑：于建廷　臧赞杰
责任审读：郭敬梅
封面设计：久品轩
责任印制：迈致红
出版发行：中华工商联合出版社有限责任公司
印　　刷：三河市文阁印刷有限公司
版　　次：2015年10月第1版
印　　次：2019年3月第2次印刷
开　　本：710mm×1000mm　1/16
字　　数：200千字
印　　张：15
书　　号：ISBN 978-7-5158-1400-1
定　　价：52.00元

服务热线：010－58301130
团购热线：010－58302813
地址邮编：北京市西城区西环广场A座19－20层，100044
http：//www.chgslcbs.cn
E-mail：cicap1202@sina.com（营销中心）
E-mail：gslzbs@sina.com（总编室）

博瑞森图书：企业阅读　本土实践

亲爱的读者朋友：

也许您是博瑞森图书的老读者，也许是新朋友，欢迎您阅读博瑞森图书！

当今中国，各行各业都存在着转型升级的压力与机遇。博瑞森图书与您一同应对转型挑战并发现其带来的机遇。

我们一直在问：什么样的书能为您解决管理难题并带来启发？

我们一直在找：哪些作品能帮助企业从跟随到领先？

我们一直在做：把最好的作品以最便捷的方式呈现给您，纸质版、电子版、书摘邮件、微信……

我们策划图书的原则是：

- 企业阅读——与您一样，做水中的游泳者，而非岸上的观众或教练，企业的困惑就是我们的任务。
- 本土实践——与您一样，立足本土环境，追求卓越实践，传播最适合当下中国企业的管理之道。

我们也向所有的企业管理者、管理咨询专家和企业研究者征稿，让更多被实践检验的好思想、好方法迸发出来，为企业助力！（bookgood@126.com 或 QQ：1963328416 或手机号 13611149991（微信号），绝非“自费出书”，不向作者收取任何费用）

如果有一天，您把博瑞森图书视为您优秀的事业伙伴、管理助手，我们也就实现了自己的梦想。

博瑞森图书

凡购买本书的读者，都将免费获赠本书精华电子版 + 书币，请登录博瑞森管理图书网，输入刮刮卡号码，即可下载电子版、领取书币。

前　言

最近，笔者在C城培训，培训后，一家药店的负责人潘姐站着久久不肯离场。她与笔者聊到自己目前的处境，说开店很艰难，但是关店又不甘心，她希望能得到笔者的一些“指点”。笔者能感受到潘姐的纠结，她觉得在这个变革时代，自己还是有机会的，可是也力不从心。但是在有限的时间内，笔者只能给予一些建议，并不能完整地告诉潘姐到底该怎样做。

药品零售行业随着时代的变迁也发生着巨变，可以想见，如果我们不改变自己，那么，我们将会面临更大的困境，随时可能会被淘汰。资本运作又带来了大鱼吃小鱼的并购风，并购的结局是什么呢？如果并购后企业没有朝好的方面发展，那最终也只是空欢喜一场。是的，笔者想说的是，不论是单体还是连锁药店人员，在当今的时代，都会经历阵痛。在这种动荡中，做怎样的改变才能使自己立于不败之地呢？答案就是建立更高的标准！

以专业角度来看，开店配执业药师的要求是一条基准线。事实上，我们所从事的药品零售行业也是服务行业，需要的是在解决顾客健康需求的基础上，站在普通人的角度来看待顾客，看他们需要什么样的服务体验，而这也正是目前药品零售行业所缺失的。我们看到一些同仁在服务顾客时，只把顾客当成了“有问题的人”来接待，这样做的结果，就是药店成了“有问题的药店”。笔者在一次又一次的全国各地巡店中，经历了这样的真实场景：笔者进了一家百强连锁药店，点名要了两种药，员工一句话都没有问，直接拿给笔者。在收银台付钱时，笔者也只是被动地等待，看着手机，小票也是笔者要求才撕下来的，而这家百强连锁药店据说执行力是很强的。笔者不敢想象他们的“很强”是什么概念，事实上连最基本的问询与专业建议都没有，还谈什么关联销售呢？

笔者走访另一座城市的七八家药店，没有一家药店的员工会在笔者出门时说“慢走”。当笔者逛店时说随便看看，多数接待人员立即不管不问，甚至有些还表现出不耐烦……

无数的事实说明：门店还有不少可改善的“点”，而这些“点”正是业绩的增长点。一些同仁常抱怨经营难，但是当我们沉下心来去看看自己门店时，就会发现其实并非经营难，而是没有经营好。站在门店前，笔者看到的是种种机会增长点。

当我们用心把管理与服务的每一个细节都做到完美，用心考虑顾客的真实感受，用心做好自己时，我们的门店就会自然而然地呈现出一种向上的态势来。而至于变幻莫测的市场，也许是许多药店人员无法掌控的，但是，药店人员却能决定今天接待顾客时主动微笑、多说一句话、陈列做得更整齐规范等。

关于导购细节的优化，笔者的《引爆药店成交率1：店员导购实战》一书中有详细的介绍，而本书是致力于建立改善门店现状的实用标准，也就是到店即可落地的实战技术，在弱增长的大环境下，通过优化我们自身，挖掘潜力，创造“看得见”的业绩增长。

于笔者内心而言，作为一名药店人员，我们都有着相似的经历，面临着共同的难题，但是当我们用心从困难中找寻机会时，就会发现提升业绩比陷入纠结更有意义，那就让我们一起来探索这条增长之路吧！

目录 Content

第二章 以陈列破业绩“瓶颈”

第三章 以服务奠定专业化基础

第四章 关联成交这样做

第五章 营养素要这样卖

第六章 解读单体药店

第一章

Chapter 1

经营管理实用招数

1. 重点单品如何定位

乐乐是K药店老板，经营K药店七八年了，不过，乐乐每月选定重点单品时都依据自己的经验在做。至于这些单品到底应依据什么来选定，比如，重点单品有哪些特征、选定重点单品的原则是什么、影响因素与注意事项又有哪些等，乐乐就不是很清楚。那么，就让我们一起来梳理一下，有了清晰的思路，就可以为门店员工销售指引正确的方向。

目前，在零售药店领域里，供应商与零售商在单品选择上从原先的强弱拉锯到现在的追求双赢、资源共享以使利润最大化，逐渐走向理性。零售药店的重点单品现状有这样一些特点：能为药店创造更多价值，也能为顾客解决问题，既是某个时间段的产出重点产品，也代表了接下来一段时间的销售品类趋势。那么重点单品到底有哪些核心特征呢？

（1）首推。在门店导购中，重点单品无疑是全员首先推荐的产品，这类首推产品包括各个种类，比如，感冒止咳药、清热解毒药、妇科药等。来药店购药的顾客有一定集中度，也就是说，往往某些疾病占大多数，疑难杂症很少，所以，药店工作人员在引导顾客时，逐渐会养成对某一类疾病首先推荐某种产品的习惯，而这种习惯对重点单品的培养起着非常重要的作用。所以，管理人员需要不断地引导员工树立准确的导购意识。

（2）与厂商合作共赢的产品。药店要培养这些重点产品，需要供应商提供足够的货源与支持，包括利润空间。而厂商的产品能在药店销售好，对他们的品牌建立、扩大销售也是有益的，这是一个双赢的项目。

（3）独特的卖点。在药品同质化的今天，需要有突破，就需要产品有独特性。在提取商品卖点时，要精准定位，这样可以为员工减少很多不必要的精力浪费。

（4）产品的唯一性。选定的重点单品应有其唯一性，比如，单价是最高的，产品成分无可替代或者很少有同类产品，并且毛利与品牌尚好，这样的单品就有前途。

（5）较广的适应人群。如果以上的条件都符合，但是所选的重点单品顾客群很少，那么也很难有好的销量。有些产品具有唯一性，而且也没有同类竞争品种，但是很难碰到适合的顾客，那么就很难有大的作为。而如果店员每天都能碰到适合的顾客，那么销售的机会就会大很多，销量自然会好。

当重点单品具有以上这些特征时，就较易成为门店的金牛产品。从以上特征中我们也可以归纳出选定重点单品的原则，那就是单价高、毛利高、符合季节特性、企业想重点培养，同时产品具有唯一性，销量好。有这样的指导原则，选定的重点单品就会有戏。

但是并非说一切都只按照以上几点来做就可以了，做生意需要灵活应对，具体情况不同则要考虑相关的影响因素。换句话说，生存之道，因人而异。在选择重点单品时还需要考虑以下几个因素：

（1）市场变化。对于药店人员来说，市场变化最大的影响因素在于季节，季节不同，首推产品也有一定差别。春夏秋冬，每个季节都要依据当季常见病来选取相应重点单品。

（2）顾客类型。商圈不同，其主流顾客也不同，消费特点如购买产品的习惯、购买的品种等都有差异。因此，在选定重点单品时，各个地方应依据当地的具体情况做一些调整，以使重点单品能够落地。

（3）竞争者。根据主要竞争者的畅销品种来确定门店应该做何种定位，分析竞争者时，同样要考虑竞争药店的商圈特点，并且要注意竞争者的动态与新变化，比如，布局是否由原来的乡镇开始调整到市区等。还要考虑到竞争者的实力如何，只有对同行了解更清楚，才能选定更适合自己企业推广的产品。

（4）门店自身情况。自己有几斤几两，自己最清楚，所以选取重点产品时也要考虑到门店的实力与规模。结合市场定位与推广能力，才能做出更合理的决策。

在定位重点单品时，还需要避免宣传中出现令顾客模糊不清、混淆的状况。另外，也需要注意厂家是否与自己的门店出现不同的产品定位，设立推广方案时，也要注意意识统一。

一般来说，重点单品一个月就要更新一次，有些时候可以延长到2～3个月更新一次。核心单品不应超过10种，而所有种类的重点单品不应超过50种，否则就不能称其为重点单品了，再说，太多了员工也推荐不过来。

重点单品定位得好，则对销售有极大的帮助。其实也可以说是聚集的策略，通过将员工的推荐聚焦，集中在重点单品上，收效会很明显。

2. 如何推广重点单品

晴儿是H连锁药店的区域经理，公司在不断推进重点单品，对于晴儿来说，她非常清楚重点单品的培养与推广对自己业绩的作用。每次重点商品清单下来后，晴儿首先关心的就是门店货量是否备足，然后就是下指标、给奖励、发动员工推荐。不过，很多时候，晴儿觉得虽然自己很重视，但是似乎重点单品的销售情况并不好，很少能达成目标。晴儿所遇到的问题是什么？重点单品的管理真的是晴儿所做的这些吗？

其实，晴儿遇到的正是如何管理好重点单品的问题，那么管理重点单品包括哪些内容呢？从流程上来说可以分为三个阶段。

第一阶段是商品准备阶段，这个阶段需要选取重点单品，然后进行备货与铺货。这一阶段工作需要营运、商品、市场与采购部门负责人共同提前半个月完成，也就是说，在门店开始销售这些重点单品半个月之前就要定下来。为什么呢？因为备货与铺货都需要时间，要给配送人员充足的时间到门店，此外，在铺货过程中还会出现一些门店配货量不足等问题，需要时间进行再次补充。如果等到已经开始打仗了，才发现子弹不够，则为时晚矣！

第二阶段则是动员阶段，这个阶段的工作应在门店执行前10天左右就定下来，此阶段的具体内容有以下几方面：

（1）确定考核方案。没有明确的考核方案就很难实现目标，晴儿遇到的目标达成不理想的问题，原因可能就在考核上。考核中应有奖有罚，因为重点单品销售额同时也是营业额的一部分，可能会与月度业绩考核重复，但是这并不矛盾。要想做好重点单品，就应单独设立一套重点单品的考核方案，这样门店才会真正重视起来。

（2）设定促销方式。通过产品本身的特性来进行相关的促销设定，以使销售额最大化。不少连锁药店在具体的操作中可能常遇到的问题是：活动当天 POS 机生成不了相应促销方式。这一点值得所有同仁关注，因为这会影响员工的销售士气，也会影响顾客对这些产品的信心。

（3）奖励制度。要想做好，就需要激励，物质激励需要覆盖到区域与门店。也就是说，区域经理与门店都应有相应奖励，这样员工的积极性会更强，会对目标的达成起积极推动作用。

（4）培训与考试。为了确保门店所有人员都熟悉活动方案、产品知识与专业知识，就需要进行相应的培训与考试。培训可以邀请厂家支持，也可以由内训师完成，培训后应进行不同形式的考试，如书面、现场提问式、门店现场抽检等形式。可以说，培训与考试是推动重点单品销售的常规方法，也是有效的手段。

第二阶段在整个重点单品的推广中至关重要，可以说，重点单品管理能否做好，在第二阶段就能见分晓。

对于每一位药店管理人员来说，他们都很清楚，在动员之后，需要的就是执行与跟进，而第三阶段就是销售跟踪、落实奖励、总结评估与改善。

区域经理在这个环节起着重要的作用，他们需要将销售数据及时反馈给门店，对销售差的门店分析其原因，找到突破口，同时将销售较好的门店的经验及时分享给全区，带动重点单品的销售。在阶段性目标完成后，要及时将相应奖励落实到位。有的企业往往推迟奖励时间，有的甚至延迟较长时间，这样对重点单品的销售很不利。同时，也需要与厂方及时沟通，看是否要再次进行培训，因为在执行过程中，门店可能会遇到各种各样的问题，包括产品知识问题，也有售后服务问题等。此时再培训，员工是带着问题来听的，效果会更好，而且真正能帮到门店销售。同时厂方对销售结果可以做总结，与企业制定更好的方案以改善现状。

重点单品的管理难，往往难在协调中各方意见不一和门店执行时力度打折，要解决这两个难题，可以从以下几方面入手：

（1）以目标为导向。在协调中，要以实现目标为终极使命，所有的困难都应让路。

（2）确定检核频次与人员。要细化执行过程，确保每个环节都落实到位，那么被打折扣的可能性就会更小。比如，检核要具体到哪一天什么时候、谁检查、检查什么内容、没有达标该如何处理等，这样就能确保每个环节都落地。

（3）营造销售氛围。就像在门店做促销一样，需要通过营造氛围来带动销售，比如，设立流动红旗、签军令状、阶段性经验分享、及时互动等。

看来，晴儿遇到的问题需要公司各部门人员一起努力才能奏效。而在大家都追逐多元化、大健康的今天，如果连最基本的单品管理都没有做好，其他行为就显得有些急躁了。所以，要想做好营运，还是扎扎实实地做好单品管理。

3. 如何提炼重点单品卖点

小伟是K连锁药店有限公司商品部的信息专员，每月有一件事是例行的，那就是要给重点单品下发卖点话术。以前小伟是在门店做店员的，每月推荐重点单品时，都是照着公司下发的重点单品话术来背，也不会考虑太多。而现在自己要负责制定话术，却如丈二和尚摸不到头脑，小伟在想，制定好卖点话术，要从哪些角度来考虑呢？

要解决小伟遇到的问题，得先分析一下话术问题在零售药店行业里的现状。

（1）营业人员随机应变。现状是大多数药店会给重点单品下指标与制定奖励方案，但是并没有给重点单品定话术。在销售中，完全是由销售人员随机应变，或者各人依据自己的经验来说，显得很随意，也不够专业。

（2）话术不管用。有的药店企业下发话术到门店后，起到的作用较小。门店员工在导购时还是喜欢用自己的话来说，因为他们觉得更顺口，也更适合顾客，所以出现了公司有公司的话术，员工说员工的话语。出现这种现象的原因有两点，一是员工对话术的不理解，二是公司制定的话术不符合门店员工与顾客的实际需求，所以员工会觉得说公司的话术一点用都没有。

（3）话术不好说。除了从专业的角度去分析商品的卖点，还要从适合员工运用与语法角度去分析话术。但是很多药品行业人员在文学方面的能力是有限的，所以，提炼出来的卖点即使是对的，也缺乏修辞，读起来很别扭。这一点是很多企业都存在的问题，而且无法很快改善。

（4）专业知识欠缺。有些企业营运负责人或者制定话术的人员专业知识严重不足，出现了低级的知识错误。

虽然在话术制定方面存在这么多问题，但是却要承认商品卖点话术的作用，而商品的卖点提炼有什么作用呢？笔者认为有三点作用。

（1）统一员工的介绍。连锁药店的特点就是让顾客在不同门店得到相同的商品与服务，而员工导购时，如果各执其词，顾客会反问：你们都是同一家连锁药店，怎么说法不一样？

（2）形成共鸣。顾客在连锁药店不同的分店被告知了相同的内容，在A店可能会怀疑，在B店也可能会半信半疑，再到C店就可能会相信员工的说法了。因为不断地被重复，所以更会相信。

（3）提升员工的专业知识。商品的卖点在提炼中，很多时候会从医药这一专业角度来考虑，员工要会说，就需要理解卖点。除此之外，适当增加重点商品的卖点培训与经验交流，对员工的销售也有帮助。

有了重点单品的话术也可以防止员工乱说，或者解决员工不知该如何说的问题。而且，如果员工能熟练运用这些卖点，则是销售现场的利器。那么，我们又该如何制定重点单品卖点话术呢？

（1）从产品特点出发。每件产品就像人一样有其独特之处，可以从功能、剂型、疗效、典故、配方由来等方面来发掘，只要能找到产品的不同之处，便是这件产品的卖点。比如，同样是天然维生素C，A厂家突出的是从某种水果中提取，而B厂家则从产品的吸收角度来考虑，制成酯化维生素C，这样就一下子与同行区别开来了，可以说是很聪明的做法。

（2）从产品利益点出发。每一件产品的功能最后都会归到能解决什么问题上面，因为顾客只会为产品能给自己带来的利益而买单，所以在提炼卖点时，要从产品能为顾客带来什么利益点的角度做更多考虑。比如，很多红枣专卖店都有这样一句话：一日三颗枣，青春永不老！虽然简单，但一下子就让顾客明白了产品的利益点，而且很容易被人接受。

（3）从顾客类型上考虑。产品的目标顾客越精准，就越能制定更准确的话术。如血糖仪，因为是瞄准中老年顾客的，所以在制造时，大屏幕、语音提示、免调码、操作简单、完善的售后服务等特点就更易被顾客喜欢。这些特点都是针对年纪大的顾客在使用时可能会出现的问题而设定的，所以就较易被认可。因此，在制定商品卖点时，也可以从顾客类型上来考虑。

（4）从竞争者角度考虑。绝大多数产品都不是只此一家，很多产品都有不少同类竞争品种。如果新上来的产品是针对领先者或者劲敌，那么就可以从竞争产品的的弱点出发，体现出自己产品的长处。

（5）从产品使用场合角度考虑。一些产品顾客只会在特定场合下使用，比如，解酒护肝类产品，这类产品的卖点提取就要体现这种场合特点，令顾客有消费的冲动。

此外，也可从产品类别游离角度来写，不过在制定话术时，需要从语言文学方面来完善，使其朗朗上口，更适合于员工与顾客交流。当然这里的卖点提取不是为了哗众取宠，而是为了使员工在门店导购中真正地发挥传达卖点的作用。所以，话术的作用与广告的吸引还是很不同的，因此，在制定话术时，要避免误入做广告的歧途。

事实上，精心打造重点单品的卖点，对单品的销售是有很大帮助的，再加上营运负责人对重点单品的推广不断推动与跟进，则可将重点单品打造出黄金价值。

4. “品牌重心”引导策略

正海是H药店的店员，一天，一位女士进店买某品牌的儿童感冒药，正海想推荐公司主推的产品，就顺口说了句：“你拿这种儿童感冒药吧，这个也不错!”那位女士说：“我就要那个牌子的，你到底有没有?”其实店里是有的，只是摆在最下面的货架上了，正海还想争取一些机会，便没有直接拿给女士，而是坚持说：“其实这种儿童感冒药买的人也很多!”女士生气地说：“不要，没有就直接说没有好了，干吗这么多废话!”说完，甩门而出！正海本想说“有的”，但已经来不及了。

这种导购场景，在一线工作过的人都可能经历过，错在谁呢？在顾客吗？显然，顾客坚持自己认可的品牌是没有错的；在正海吗？正海为了帮助门店与公司创效益，推荐高毛利产品，想来也是对的；在公司吗？什么都在涨，公司要生存，没有利润怎么能“活”下去呢？大家都没有错，那错在哪里了呢？

司空见惯的一次导购，里面的深层原因是什么？是什么“伤”到顾客？是什么令正海没有“得手”？这种导购模式还要继续吗？要怎样才能使这几方都“赢”？当今与未来的实体药店导购需要什么样的引导策略？

下面来看一看症结所在：

（1）硬性拦截“伤客”。相信大家都深受追求毛利带来的客流下降之害，可是，这种理念下受苦最多的却是“顾客”，他们为了某个品牌的药可能要跑很多家店，就在这几天，笔者还经历过这样的“苦难”：为买某品牌的维生素AD滴剂，跑了5家药店才买到，心焦啊！

（2）员工多受挫。一味地拦截，受挫最大的是员工，员工要推荐一个顾客不熟悉的品牌，所花费的时间远比推荐一个顾客熟知的品牌多N倍，并且还常受打击，内心忐忑。

（3）企业开始反省。区总是一个知名品牌的天然维生素E厂家的老总，一天，笔者与区总聊天，她说现在开始主动找她的人多了，以前连锁药店认为扣率达不到要求都不理睬她，免谈！现在开始谈了。是什么撬动了采购经理的“口”去主动找她？原因在于现实结果胜于“毛利孤行”！

活生生的事实摆在一线，需要我们寻求解决途径，而要解开这个谜团，需要先理清“品牌重心”这一概念。所谓“品牌重心”策略，是指在推荐时以一种品牌药为核心，这个品牌药可能是顾客点名要的，也可能是我们与知名企业合作推广的产品。这是通过专业的搭配，向其他品牌进行扩展的一种策略，这种策略的好处是：借由这一品牌的光环效应，可以赢得顾客对我们推荐的其他产品的认可。

在这一策略中有三个关键点：

（1）品牌核心。认可顾客的品牌偏好，也就是尊重顾客，这一点满足了顾客基本的需求，在此平台上进行交流，顾客的“对抗性”往往会瞬间下降。

（2）专业搭配。药品销售要获取顾客更大程度认同，始终离不开专业知识与立体表达。

（3）向外扩展。向其他品牌扩展的目的是保证合理的盈利空间。

如此一来，既不伤害顾客，员工引导起来也容易，又可保证企业的可

持续发展，可谓“多赢”策略。那在导购中，具体有哪些联合策略呢？（见图 1－1）

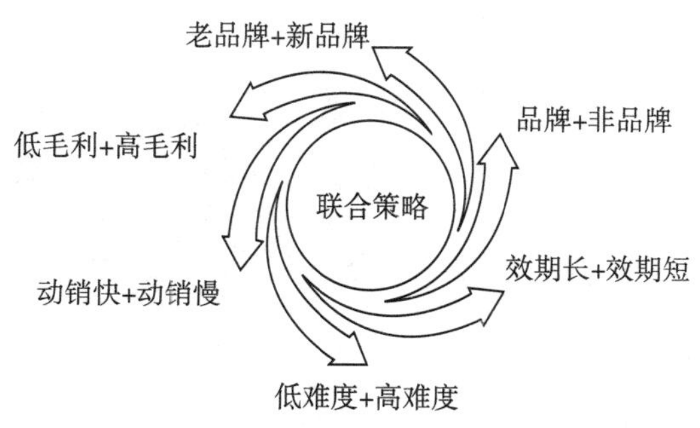

图 1－1　导购中的联合策略图

（1）强品牌＋弱品牌。推荐时，以某一知名品牌切入，或者从顾客认可的品牌开始。当然，更多的情况是顾客直接点名，这时我们可以拿“强品牌”产品给顾客，顾客接受后，再告知顾客应搭配哪个产品效果会更好！比如，当顾客点名要某品牌天然维生素 E 时，交流后，顾客要了，我们可引导顾客同时购买另一品牌的天然维生素 C 咀嚼片或含片，C＋E，效果加倍！往往顾客对品牌产品的“执着度”在其某一首位印象产品上，所以，此时引导其他产品，即使不是该品牌的，顾客的抗拒性往往也会较小。笔者多次成功引导顾客购买知名品牌天然维生素 E＋弱品牌（或自有品牌）的天然维生素 C。

当然，这里的“弱品牌”只是相对“强品牌”而言。

（2）老品牌＋新品牌。门店里大约 2000 种的商品中，有一些是百年老字号品牌，有一些是新中国成立后的品牌，也有一些是近几年才创立的品牌，还有一些是刚到门店的新品牌，可能员工都没有听说过。在推荐时要让顾客接受，可以采取以老带新的策略，一个是信得过的老品牌产品，一个是品质有保证的新产品，这样的组合攻略，顾客多“顺其自然”！

（3）低毛利 + 高毛利。在引导时，员工要清楚哪些产品的毛利是较高的，哪些是较低的，甚至是负毛利经营的产品。推荐时，不要采取极端的高毛利 + 高毛利，那样做，顾客即使不知道，后期评价中也多能感受到。

在这里，往往多数品牌产品毛利较低。

（4）动销快 + 动销慢。这一策略是为了保持商品的鲜度，并不难，有时甚至可能会损失一些营业额来保证动销慢的产品走快一点。

这里，动销快的往往多为品牌产品。

（5）低难度 + 高难度。这里的难度是从专业解释角度来说的，店内的产品，并不是每一件产品都很难讲清楚，但有一些产品就很难一下子说明白。比如，丁硼乳膏，顾客很难明白。这种牙膏一样的产品可以治疗"牙痛"，用过的人都知道很有效，不过解释还是需要花一些时间的，包括怎样使用、使用多长时间等。再比如，奥利司他，是脂肪酶抑制剂，可是要让顾客听懂，并且减轻使用过程中的不适感，还是要花一些工夫的。还有氨糖等产品，要说清楚，都需要专业底子。

如果我们推荐的产品都是很难一下子讲清楚的，顾客听起来也会有难度，不太会接受。而品牌产品因其推广过程中会通过广告对消费者进行教育，所以，一般是低难度的。

（6）效期长 + 效期短。有些产品的保质期较长，有的相对较短，有的是效期远的，有些是效期近的，搭着一起卖，为的是减少损耗。员工在执行这一策略时，需要对门店商品的效期非常清楚，而不是一月一查了事，应记在心里，形成主动引导的习惯。当然，有些门店会以"自己"的标识来做记号，但是做了记号员工却不去主动引导，同样徒劳无功。

如今，消费者的信息面广，自我保护意识也强，以"品牌重心"的策略进行联合销售，往往能化解顾客的"陌生感"，强化"安全感"。最重要的是，在保证合理利润的前提下，满足了顾客的需求，可以保持顾客的忠诚度，员工还“导”得更开心。

说白了，导购中以“品牌重心”联合策略引导是顺应“顾客意愿”的一种战术，也将开创药店导购的新时代。

5. 品类实用创新组合

宝龙在Q药店待了七八年，一直以来，公司的主题营销活动都大同小异，好像没什么能真正吸引顾客，比如，营养素买二送一或者特价打折、慢病药品特价、疗程优惠、一些药品的捆绑等。这些活动虽有用，但力度太小，对消费者的刺激与"营业额的真实提升"作用不大。为什么大家天天在说关联，可是在产品的营销与品类组合上却总是局限于惯例呢？

宝龙提出了一个令许多药店市场与运营管理人员都应深思的问题，即是什么原因使得每月的主题活动、每年的主题活动只不过是"复制、粘贴"而已，这样的营销对门店有多大帮助？

还是回到宝龙店里，那天，一位顾客来买心脑血管用药，宝龙很自然地引导顾客购买深海鱼油等营养素，经过沟通后，顾客也要了。宝龙觉得顾客也应该有一个电子血压计，可以随时监测血压，顾客很想要，但是觉得打折后仍然有些贵，于是只买了营养素。

顾客走后，宝龙想，要是公司的活动中能在电子血压计与营养素之间做一个组合特价该多好呀！适当多让一些利给消费者，对顾客来说却真正有用，而且扩大了产品的品类，会带来更多的销售机会。

宝龙提出的想法便是门店真实的需求，只是并没有被总部人员获取到，或者获取到了但是没有转换成有价值的信息。其实，在各药店品类差别不大的情况下，要想吸引顾客，需要的就是品类组合创新。那么，品类组合创新的意义有哪些呢？

（1）将“软性关联”转向“硬性关联”。员工通过引导与推荐，主动说出防治顾客病情的更多产品，这是软性氛围，受员工专业知识、心态、销售技能等因素影响，会呈现较大的波动性。而企业在设计主题活动时，若能通过品类之间的黏性将其组合成某些新的“营销集合”，以陈列和价格来带动销售，则员工与顾客都更易被影响。

（2）发现新的市场机会。对于销售人员而言，顾客的需求就是机会。我们在门店销售一些产品时，往往也会察觉到有些顾客确实很想买推荐的产品，但是受某些因素的影响没有买，如承受力、员工推荐力等。

我们来举一个例子分析顾客潜力，比如，顾客购买产品只想花600元，他在享受营养素买二送一的活动时已经掏了500元，而另外100元又不够买电子血压计，但是这100元对于药店来说却是机会。如何通过品类之间的重新组合设计出适合这位顾客的“600元组合”？比如，“深海鱼油+卵磷脂”可以送一瓶卵磷脂，顾客吃完“深海鱼油+卵磷脂”后，他会剩下一瓶卵磷脂，如果他要买，下次需要特意说明送深海鱼油给他才能配好量。其实，顾客是不太在意送的那瓶卵磷脂的，而如果再加100元可以得到一台价值268元的电子血压计，这样的优惠对他们更有吸引力。这样既挖掘了顾客的潜力，又满足了顾客的需求，只是较少有药店采取这种跨品类的组合方法。

（3）引导员工的销售习惯。员工关不关联也是一种习惯，好比是医生的处方习惯一样，如果以品类组合的硬性介入来引导员工关联并养成习惯，则关联就变得更容易。也就是说，关联销售其实不只是员工的事，更是管理者的事。

（4）创造更多可能。品类之间的组合可以有许多种，如果仅限于在某一品类中设计特价或者优惠，那么业绩也会受限。如果打破了品类之间的这种固有思维，则可以创造出销售的无限可能。

对于门店来说，哪些品类创新组合是实用的呢？

（1）品牌+自有贴牌。为了满足顾客对品牌产品的依赖，又不丢失门店应有的毛利，品牌+自有贴牌的组合设计在门店较容易推广。门店员工的拦截行为本身就会“伤客”，如果尊重顾客，肯定顾客的品牌产品，同时以另一自有贴牌产品弥补品牌商品的不足之处，或者担当补充角色，则既不“伤客”，又能有效提升业绩与利润。

比如，一些女士点名要某品牌天然维生素 E，经过引导后顾客仍坚持要这一品牌，此时，以自有贴牌的 VC 进行补充，切入点是 VC + VE 效果更好，而且一起买可以享受 VC 特价，结果顾客很自然地买了。这一导购过程，顾客满意了，同时门店又增加了一个品类给顾客，对顾客来说，她体验了两种产品，以后回头率更大。

（2）跨品类组合。比如，宝龙遇到的问题，可以设计器械+营养素的组合，如果加在一起要给一个名称，权且称之为健康品类，送礼送健康嘛！就好比快过年了，会有年货品类一样。

类似的跨品类组合可衍生出许多，如化妆品+营养素、妇科+儿科产品、常规品类+便利品等，只要花心思去门店了解，总能找到许多适当的新组合。

（3）傍高价组合。我们在门店发现一个极为常见但是却被很多人忽视的现象，那就是一些高单价的产品，如阿胶，当顾客接受了这些产品后，再推荐一些适合他们的相关产品，且价格并不太贵，在这种情况下，顾客特别易接受。比如，对购买阿胶的顾客，我们推荐价格在 100 元左右的钙片或者多维等，往往有较多顾客顺手就买了。

其中的道理也很简单，顾客连贵的都买了，你再多卖一点给他又何妨呢?

（4）傍畅销组合。我们曾经针对某种热卖的药酒进行组合，当顾客购买时，告知其药酒与另一种关节养护产品如氨糖有组合价，小规格的氨糖，原价98元，组合价相当于只要59元即得一瓶。用这一组合卖出的氨糖的销售额比单独做氨糖特价49元还要多，在这里，氨糖也可以换成关节贴膏或者其他产品，而药酒也可以是其他的热销品种。

所以，适时搭一下广告或畅销产品的顺风车，未尝不是一件好事。当然，它可能有一定的季节或时限性。

门店员工往往会有一些好的想法，这是坐在总部的人员无法想到的，但是距离又使得门店员工的想法很难变成总部人员的方案，难怪门店员工觉得公司的方案总是不太切合实际。是的，要切合实际是一件随时要变动，多费许多精力的事，哪有“复制粘贴”来得简单易行呢?而这正是我们运营的软肋。

6. 看懂周报数据

在一次培训课后，笔者有机会与Y店的店经理罗丹进行了深入的沟通。谈及店经理的工作，罗丹说他在门店每天都忙忙碌碌的，也能感受到公司很多方法确实是有用的，但是，有时很难用好工具。比如，利用每周的周报进行数据统计，我们只知道数据上升了或下降了，也能大概分析其原因，但是却感觉对后期工作起不到太大作用，写周报成了一个形式，该涨的还是涨，该降的还是降。怎么去看周报里的那些问题，又怎样真正用周报帮助我们管理门店和提升业绩呢？

零售工作就是琐碎的事务加在一起，而药品零售又在烦琐的基础上增加了药的特殊性与专业性。作为店经理，要管好药店，又在这个台阶上增加了跨越专业的管理难度。所以说，药店人员真不易，而店长更不容易。

这是笔者在听罗丹心声时的感悟，事实上，罗丹的感受也是笔者身为店经理时的感受，但是在现实面前，我们需要用智慧去化解难题。其实，有效用好周报对门店与店经理的自我管理、对业绩分析与增长都是有益的。

先来看一下，对于零售药店来说，每周上交给公司的周报应包含哪些内容？

（1）营业分析。这是周报最上面的一部分，包括一周的营业额、高毛利商品金额与占比、一周交易次数与平均客单价、环比增长额与增长率、会员卡数、营养素销售额与占比、重点商品销售额与占比等。其中，对销售前10位的商品进行罗列，也可以细化到前20位，或者细化到药品前10位、非药品前10位、处方药前10位等，这个可以依具体情况来定。

（2）工作措施。每一个数字背后都是行为的结果，上面所列的数据是因为采取了哪些具体的行动达到的？比如，卖场调整，员工培训，阶段奖励，或者促销、社区推广、门头灯箱改造等。这里记录已经和正在实施的行动。

（3）差距分析。记录工作措施是为了帮助我们整理一周来的努力，而差距分析则可以帮助我们找到问题所在。所付出的努力为什么没有收到效果？为什么A员工的重点商品销售不到100元，而B员工却超过了2000元？为什么会员卡增加数本周会下降15张？为什么营养素占比虽然提升了一个点，但是总金额却下降了1000多元？高毛利商品总额上升的原因是什么？是哪些商品的销售使毛利较上周提升了？这对下周工作有何帮助？为什么连续两周环比数据都是负的？该怎么办？等等。差距分析的核心是查找原因，同时探索出改善的措施，并付诸行动。

（4）明星评比。周报里面可以体现出激励因素，对服务、重点商品、会员卡等单项设立评比，将谁是本周明星填上去，并上交公司。这样领导都可以看得到，这一内容对员工也是精神鼓励，当然也可以配合物质奖励。

（5）需要解决的问题。在周报中，可以写上一些需要向公司反馈的特殊事项，比如，维修、缺爆炸贴与POP纸、人员缺编等，也可以将顾客的特殊需求或门店的例外情况附上。这一内容的目的是信息上传，并期待得到回复。

（6）下周计划。这一内容一般在最下面或者在另一张专用的周工作计划表中，此表中会写下周营业计划与工作措施，措施应与上周的分析匹配，也就是说明上周分析中不足的地方用哪些行动去改善、亮点的地方怎么继续保持等。

当然，每家企业都会根据自己的实际情况对周报进行调整，但一般思路是相通的。店经理或管理人员，包括门店的每一位员工，都应学会通过周报来了解门店的工作现状、问题及如何做得更好，这就是所谓的清楚方向才不会走错，也可说是“磨刀不误砍柴工”。

要用好周报，我们不只是要知道发生了什么，更要懂得为什么会发生、用什么方法去解决、该如何防止再次发生。这也是流程分析的常规思路，总结起来，有以下几点：

（1）数据背后的人员状态。一次，笔者在门店进行数据分析时，发现营业员陆君近两周的会员卡办卡量明显下降。找其谈话，发现陆君的心态不像从前积极了，经过一再交流，陆君也终于道出了实情，他说自己准备辞职了，只是还没有提交报告而已。其实，门店很多数据“症状”背后都有其“病因”，当然，原因各异，我们需要做的就是剥茧抽丝，找到真相。这也是减少危机的方法，因为一旦等一些潜在的事件爆发了自己才知道，已经晚了。

（2）数据里的深层次问题。周报中，数据是主要的内容。当发现数据连续下降，比如，环比连续两周下降，就要分析是否有竞争对手的因素，是公司政策影响还是自身或季节原因等；比如，畸形增长，如果高毛利商品总额上升，但是占比却下降，说明可能是营业额的走势好带动了高毛利商品总额的上升，但是员工却因为营业好了，忽视了高毛利品种的销售，也可能是某个品牌商品短时间的大单采购引起的等；再比如，在处方药的前10位销售商品中，本周与上周对比，哪些商品还在？哪些商品不在目录内？为什么？另外，还可通过分析商品销售结构来了解门店当下应抓好哪些单品与关联，等等。身在运营行列，就要非常清楚每一位数字的来龙去脉，否则只会如坠云里雾里，一片茫然，被数据牵着走。

（3）实施行动。一些药店同仁喜欢将措施写在纸上，却没有行动，这样是无法改变现实的。将想法落实，既是对自己的检验，也是对门店团队负责。

（4）对待处理事项的持续跟进。身为门店“领头羊”，员工和顾客反馈的问题、门店存在的问题，自己最着急，但体现在文字中只是一种信息传递，只有持续的跟进才能解决问题。

（5）评比不是形式。一些门店将周报上的评比当成了形式，因此也起不到应有的效果。每次评比后应在交接班上通报表扬，有实物奖励更好，从自身重视带动门店员工的重视。

可见，一张周报用得好，可以成为改善业绩的“助手”，“罗丹”们也需要提高对数据的敏感性，对事项持续追踪，以实现周报原有的价值。

从控制角度来看，周报属于事后控制，但这一工作是为了将后期工作的“事前控制”做得更好。

写周报的目的也不只是为了呈现一张整洁的报表给领导，更主要是为了能看清门店问题，理清思路，找到方法，并以行动实现预先的目标。

7. 看出 POS 机深藏的数据

福佳是R药店的店长，数据分析是她必须面对的事。只是，福佳觉得公司例会时的数据大而广，营业额与毛利额阶段增长率、环比、占比等分析，虽然对自己门店有指导性，有压迫感，但并不完全，也不够细。比如，自己店里面的止咳化痰类别药到底卖得好不好？其相关产品关联销售怎样？福佳说出了数据分析的难点。

其实，在多数连锁运营药店的数据分析中，对比分析最多，门店当下与前期或历史对比、门店间对比、区域间对比、平均线对比等。对比的目的是为了让门店清楚自己处在什么位置，但却没告诉门店为什么处在这个位置，只有具体的商品与品类分析才能明示，而这些数据需要总部人员与门店一起从 POS 机里寻找。

哪些数据能真正说明业绩好坏的根源呢？

（1）品类数据。从大分类、中分类到小分类的具体数据中找差距，才能知道门店在哪一个类别里是落后的。比如，以止咳化痰类别来说，因受季节因素影响，这一种类某些阶段在各店都是增长的，要看出门店问题就要看哪家门店在增长中偏离，如增长过少或者此类虽增长但毛利很低，这些都需矫正。这是类别里的数据，需要公司将传回的销售数据进行整理分析，给门店参考。

大分类是处方药、非处方药、便利品、季节性商品等，中分类对药店来说则是五官、感冒、清热解毒或者抗感染用药等，而小分类则进一步细化到抗感染药中的β－内酰胺类，这里面的数据很值得细细品味与挖掘。

（2）商品关联数据。这一数据可以从两方面来开展，一是顺推，一是倒推。顺推是从现成数据中分析员工的导购习惯与顾客的消费习惯，比如，在分析小票数据时，发现A商品与F商品出现在一起的次数较多，像乳酸菌素片与健胃消食片。因此，在导购时要主动告知顾客：有较多顾客在购买A商品的同时买F商品。顺着大众消费习惯进行推动，就好比设计公园的小人行道时，先不规划，待人们“踩”出路来后才按路线铺路，这一方式虽显被动但也不失机智。

另一种是倒推，也就是从销售数据中去找寻那些按“常理”可以关联的产品。但是在销售中，我们却发现一些门店只是单独卖了其中某一种产品。举个例子，我们在POS机里面看到治疗足癣的外用软膏卖了10支，但是棉签的销售量却为零，这是不合情理的，也就是说，员工在导购时没有推荐。因而，从具体的商品关联缺失中可以看出员工的销售能力与态度。

笔者也曾以此分析某一线品牌的男性功能产品，发现做得好的门店会有相关的高单价产品销售，而有差距的门店则是顾客来点名要则只卖该产品，数据说明了一切。

（3）新商品与潜力分析。当我们以销售数量进行POS机里面的销售排序，可以看出新商品、季节商品的数量变化，也可以看出顾客消费趋势。具有同类性质的产品在某个时段销售集中说明是流行因素或者是时节特性的影响，从中可以发现可培育的新品或者是找到更适合门店当下销售的重点产品。

类似的数据还有，说起来虽易，但是对于即使只有几十家门店的连锁店来说，要分析、融合、转换成门店管理人员与员工看得懂，并可变成行动的数据，却极需功夫。商品部的人真不容易！需要注意的是，“福佳”们不能只是等待总部的数据结果，也要从 POS 机中直接去发掘信息。

8. 高单价单品成交实战术

仁顺打开POS机，看了一下28号店里面的营业数据，发现当天的营业额有9000多元。但是经过计算，销售额排在前二十位的加在一起已经达到了6000多元，而其中高单价也就是价格在100元以上的占了一半以上，真的是80/20法则呀！仁顺叹了一口气，每天在店里辛辛苦苦工作，起决定性作用的交易不过就是这些单品，难怪有时候生意不好，就是因为这些高单价的品种没动。如果能把这些高单价单品卖得更多，门店的生意将会发生怎样的改变呢？

对于不同企业与门店来说，高单价单品的定义各不相同，我们权且以多数门店平均客单价50元的2倍来定义它吧，就以100元以上的品种为高单价品种，店里面同事也喜欢称之为“大的东西”。从数据库里一查，会发现这些品种集中在医疗器械、营养素、保健礼盒、少部分处方药、季节或广告商品等，而绝大多数的药品单价都在50元以下。这些基础药满足了顾客进店的基本需求，但其整体的利润也是有限的。从经营的角度来看，商业企业的目的是利润最大化，虽然药店并不以此为目的，但是，能否卖好高单价品种，对于多数门店来说都有着决定性的作用。

目前，高单价品种的销售现状是怎样的呢？笔者认为有以下3点。

（1）推荐难。高单价面前，顾客会更慎重，考虑的因素会更多，要说服顾客，需要员工花更多的心思去讲解，也需要更专业的技巧。

这样的情况也使得不少药店员工不敢去卖高单价的产品，一是怕吓走顾客，二是觉得个人的“投入产出”不一定成正比。

（2）多点购。多数情况下，药店卖出高单价品种，往往是顾客自己受广告或其他因素驱动，到药店点名来买，门店工作人员的价值似乎只是拿药和完成辅助性质的导购而已。

（3）抢生意。许多新开的药店都打着把“蛋糕做大”的美好愿景的旗号开在你对面，然而，他们事实上就是来“抢饭碗”的。在门店导购中，买高单价品种的顾客不是在A店买，就是到B店买，比的是哪家更实惠，于是药店间纷纷抢这一部分生意，却没有在普通的导购中主动创造出更多生意来，这也是不太乐观的事。

那么问题来了，该怎样去创造出高单价品种交易呢？

（1）锁定交叉目标顾客群。许多的高单价品种，其实满足的是顾客更高层次的需求，但是往往这部分顾客刚开始只是来购买一些低价格的产品。因此，我们对一些购买普通产品的顾客以认知和潜力来进行分析（见图1-2）。

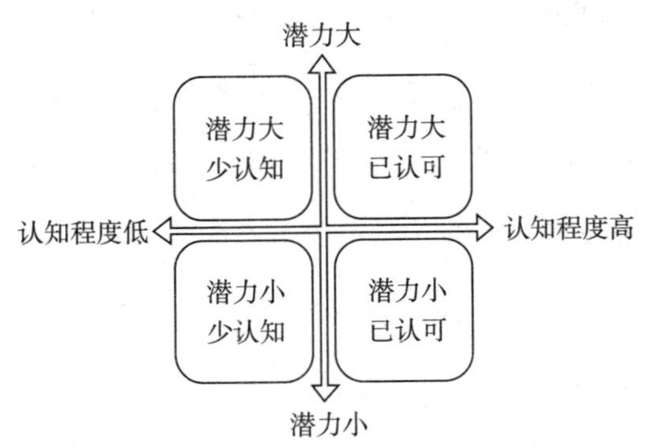

图1-2　认知潜力矩阵图

其中，有潜力同时又对产品了解的顾客会主动前来，对其导购我们不必花太多精力，这也就是我们正在抢的那一部分“蛋糕”。但是这一部分的“蛋糕”太小了，我们需要锁定的是那些有潜力但是对产品缺少认知的顾客，这也正是我们的目标顾客群。也就是说，他们往往只是来买解决问题的低层次产品，缺乏对高单价产品的了解，我们需要将他们的需求扩大，挖掘其潜力，则可实现成交。

举一个例子，顾客便秘了，听人家说蜂蜜有用，来买蜂蜜。其中，有一部分顾客可以通过引导了解到坚持服用芦荟或膳食纤维软胶囊能达到防治的目的，辅以运动、高纤维饮食调理则能从根本上改善便秘。我们在门店导购中，经常能成功推荐这样的高单价单品，因为这些单品满足的是顾客安全、方便、预防等方面的需求。

（2）相关引导，深挖潜力。我们先以一种祛疤产品来进行分析，比如，K 祛疤产品单价为 200 元，该如何挖掘顾客潜力呢？

此时，我们需要在相关产品上进行分析，进行产生疤痕的可能性与产品需求的分析。比如，顾客购买创可贴、双氧水、碘酊等产品，可能对祛疤产品有需求，询问过程中，要对顾客的伤口深浅、长短、大小，是否瘢痕体质、是否在意疤痕、有疤部位是否暴露、疤痕是否在易摩擦部位等进行分析。也可以对购买儿科用药和孕婴产品如叶酸片、孕妇多维、乳品等的顾客进行引导，询问是顺产还是剖腹产等，通过交流与分析探查出顾客购买祛疤产品的需求强弱。所以，当顾客购买相关产品时，通过需求分析，恰当的介入与引导，能激发顾客的购买欲望，实现高单价产品的成交。试想一下，单靠等顾客上门来买祛疤产品，会有多少交易呢？

事实上，不少药店同仁经常从顾客 1 元钱的生意做起，做到几百元钱，其原理就是这样的。

（3）“顾客健康需求理论”。高单价单品的成交重点在于是否满足顾客的深层次健康需求，那么顾客健康需求到底有哪些？处于哪个层级？对导购会有什么影响？回答这些问题，笔者在这里提出“顾客健康需求理论”（见图1－3）。

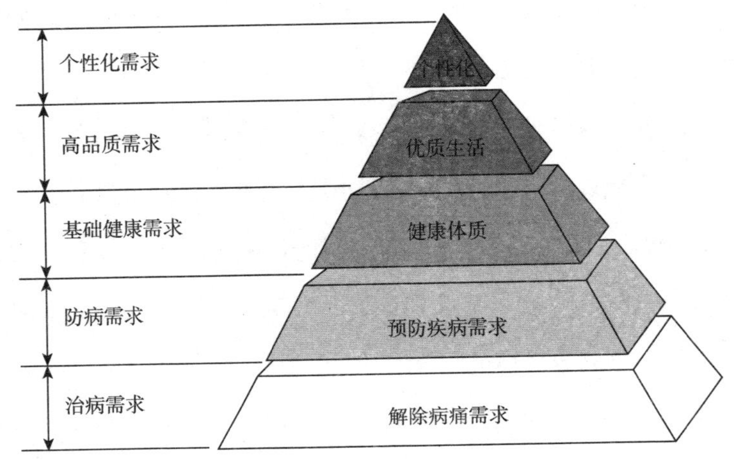

图1－3　顾客健康需求图

一般来说，顾客最底层的需求是解除病痛，然后转向预防、基础健康需要，这里需要界定的一点是，预防与基础健康需要并不完全是一回事。举个例子，从预防高血压的角度来看，我们会限盐饮食，但是从基础健康需求出发，我们却会以每日摄入一定的维生素与矿物质来增强体质，出发点是不同的。

当一个人身体状况良好时，他希望能通过健康管理保持更优质的生活方式。比如，每天三餐的饮食结构合理搭配；对热量、脂肪、食物营养价值等进行定量计算或估算，其中一部分希望得到更个性化的健康服务，如根据自身具体情况，提供及时的健康检测和深度专业咨询，也就是为自己的健康“量体裁衣”。说一句俏皮话，医药人员当中，少部分人每天都在对自己进行这样的个性化健康服务，为自己的健康“量体裁衣”，但前提是自己知识很丰富，这也是我们这个行业人的福气吧！

我们在导购时，需要用不同的产品来满足顾客不同的健康需求，而高单价单品在解决顾客深层次需求时可以充分发挥作用。

高单价商品在门店的品项不多，却是扭转“业绩乾坤”的杠杆。除了锁定交叉目标顾客群，进行相关引导，深挖潜力与深度分析顾客健康需求外，门店员工的高效表达、情感公关等也不可忽视。

定下心来说，也就是别忘了药店人员做的也是销售工作，当我们用坚持、主动、创造等积极的心态来看待高单价单品时，就会发现无限可能性。

9. 班组竞赛，比出来的正能量

这是H药店下午三点交接班时的一场对白：

“快点换班，快点快点，要不影响我们晚班的营业额啦！”

“再等几分钟，再等几分钟，我们还差46元钱就可以每人奖励5元了，一桩生意就好了。”

“不行不行，我们晚班也要做生意的哇！”

夏茯是S店的药师，最近也向笔者说到了同样的问题。S店自设立了班组竞赛奖励以来，员工之间的关系不和睦了，彼此间有了争抢、私利，总感觉怪怪的。两家都是因班组竞赛或奖励制度而使员工关系受到影响，那班组奖或竞赛到底好不好，要不要设立，设立时又应注意些什么呢？

首先可以肯定地说，设立竞赛与奖励的机制是有利的，其好处有以下几点：

（1）打破大锅饭。在一家店里面，如果没有竞赛与奖励，员工做好做坏一个样，其结果是员工能少做自然少做，无法调动员工的积极性。

（2）回报优秀员工。员工能力有弱有强，基本工资都差不多，差就差在效益工资或奖金上。对于那些表现较好、心态与行为都积极的员工来说，竞赛与奖励制度是对他们的认可，也是给他们的回报。

（3）培养竞争意识。员工之间有适度的竞争意识对于团队的发展来说是有益的，一潭死水不会有生气，这也正是许多药店都设立当班奖、班组竞赛的原因。但在这样做的时候，又要用智慧去化解其带来的不良影响，如员工关系受损、团队凝聚力减弱，避免影响了业绩。针对这些不良影响，笔者给出如下建议：

（1）全局与个人都要考核。在设立当班奖时，既要以重点单品、营养素、收银台商品来考核个人，也要通过全班的业绩分级奖励来考核当班所有人。比如，A 员工卖了营养素，个人可以拿到 3% 的奖励，但是其销售的营养素也是当班的营业额，当班完成了某个级别的营业额之后，每人都可以得到相应的奖励。如每个人可以奖励 3 元，营业额越高奖励越多，这样其他的员工就不会那么忌妒 A 员工了。

（2）拉水平线。不论是门店个人的竞赛，还是连锁药店多家店一起进行班组 PK，都需要鼓励优秀者，但是更要关注那些落后的团队，通过数据找出平均水平，让每家门店都知道自己与平均水平的差距，这样对落后门店来说更有说服力。

因为落后门店与优秀门店比，一些人会认为有很多客观原因。但是公司整体水平就在这个点，而你差了一大截，那就说不过去了，很难看，开会时也抬不起头来，你就会发誓一定要在水平线以上。当然，企业与门店也可以设置相应的奖罚措施。

（3）惩罚要有趣。班组竞赛一般涉及多家门店，看看谁做得好，谁有差距，并给予奖惩，惩罚的方式可以很有趣，但大家都不希望是自己。比如，可以是表演节目、背获胜者走一圈、做俯卧撑等，但不太适合用有损员工尊严的方式，比如，剃光头、罚站等。

（4）竞赛结果及时互动。大家都会运用微信群来进行管理，我们也常在群里通过信息与数据的及时互动来带动销售氛围，这种及时的信息共享能有效激发员工现场的销售活力，也会给落后者以压力。

（5）设立销售之外的明星。门店的店型有别，销售的特点也有不同，各自的优势也会不同。有些店在销售上确实有难处，但是在基础工作、空间管理等方面可能很出众；有的店在顾客服务、会员管理方面做得很好，这都是可以拿出来分享、做样板的。给他们额外的奖励，让员工看到除了销售之外还有更多的可能、更多的榜样，他们也就不会只计较销售奖励结果了。

（6）合作才是竞赛的本质。不论是分组竞赛还是个人竞赛，要想获得更好的业绩，只有相互合作得更密切，才能收获更多，而竞赛只是促使团队合作的一个形式而已。

事实上，不少门店缺乏战斗力，原因就在于缺少竞争。我们应消除竞赛的不良影响，让其发挥出更多的正面力量来，这样就能用活班组竞赛。

我们期待交接班时听到这样的对白：

“要交接班了，早班做得怎么样？”

“我们正准备交接班，不过，就差46元钱就可以每人奖励5元了。”

“那抓紧点，一桩生意，一瓶天然VC就搞定了，加油！”

10. 收银与导购巧配合

永丽是T连锁药店有限公司R店的店员，吉萍是收银员。永丽是一位导购营养素的高手，顾客进店后，永丽去导购，很多顾客都会带着营养素来收银台，永丽也会跟着到收银台。到了收银台后，吉萍会向顾客推荐会员卡与收银台的一些商品，每当吉萍推荐这些东西的时候，永丽就担心顾客可能会因为吉萍的推荐而不买营养素了。

于是，永丽常会催吉萍快点给顾客结账，吉萍也明白永丽的意思，但是吉萍也有会员卡与收银台商品的任务，所以吉萍还是要坚持推荐。后来，顾客走后，吉萍就对永丽说："我知道你怕盘里的鸭子会飞走，可是也没有必要催我呀，我也有任务的。"

不过，也有几次，因为吉萍的推荐，顾客停留在收银台的时间较长，有些顾客的确不想买永丽推荐的营养素了。虽然这种情况不多，但是还是影响到了吉萍和永丽的关系。

这个问题该怎么解决呢？让我们仔细分析一下。

好好研究一下上面的案例，其实不难发现，永丽与吉萍都希望能为门店多创造效益，矛盾的焦点是怎样才能既让吉萍办更多的会员卡，推荐更多的收银台商品，又不影响到永丽推荐的营养素。

其实，这还是需要永丽与吉萍一起来解决。当永丽导购时，应问一下顾客有没有会员卡，如果顾客没有，可以将会员权益也告知顾客，甚至可以将顾客引至会员积分专区，让顾客了解一下积分奖品，建议顾客办一张。并且可以将收银台陈列的商品向顾客进行关联推荐，这样，顾客还没有到收银台，但是已经接收到了会员卡与收银台商品的信息。

有的顾客听了永丽的介绍，可能会直接到收银台办卡，并且买一些收银台的商品，这样吉萍的压力就小了，不必花太多时间再介绍。有的顾客可能并不太清楚永丽关于会员卡与收银台商品的推荐，只要吉萍在收银台将相关内容说一下，顾客便很快能明白过来，决定买不买了。换句话说，就是永丽可以将吉萍的一些推荐工作前置，这样一来，吉萍的成功率也会更高，而且还会感谢永丽。

看来，永丽要想让盘子里的鸭子不飞走，需要摆正心态，帮吉萍一下。反过来，吉萍在收银台也可对营养素进行推荐，也能起到带动顾客购买营养素的作用。笔者在门店时，经常看到当导购人员推荐营养素没有成功，顾客到收银台付款时，收银员再次推荐营养素，结果不少成功了，看来团队的力量比一个人力量大多了。

药店零售导购过程中总会有各种各样的问题，但是只要开动脑筋，多想办法，就能创造更多的业绩。

11. 实用访价法

晨晨是S药店的店员，今天店长临时交给她一项“特别任务”——到竞争药店去访价，访价品种有50个，晨晨觉得头都大了。

访价是一件苦差事，但意义非凡。访竞争对手的价格，能帮助企业定价，权衡供应商，打击竞争对手，同时还能了解市场信息，也是价格策略中的一种常用方法。

不过，访价说起来容易做起来却很难。一些药店同仁到附近的竞争药店去访价，还没进门就被认出来了，都是吃这一行饭的，时间久了，相互都认识的，就近访价更难。

虽然大家都不愿意去访价，但还是得有人去做，笔者总结了一些实用的访价方法：

（1）到客多店。如果去客流很少的药店访价，一进去营业人员就“盯”上你了，即使人家不知道你是访价的，你也不能干什么。而到客流多的药店去，因为顾客多，营业人员没空搭理不买药只看看的“顾客”，加上人流多，来来往往，反而更方便去记一些商品的价格。

一般来说，我们会选择旗舰店访价，旗舰店不仅客流量大，而且品种齐全，不必东奔西走，“一站式”搞定。从行程上来看，旗舰药店的位置好找且前往方便，这也是旗舰店选址的一个考虑点，对访价的员工来说，更方便些。

（2）分头行动。一次访价商品较多时，要派多个人分头行动才行，因为一个人能记住的品种价格是有限的，所以最好每个人负责一些，这样效率高，也不容易被人家发现。而且多人同时进一家药店往往会分店员的心，使访价变得更容易。

举个例子，笔者曾与几个同事前往一家“大店”访价，这家药店有两层楼，面积在1000平方米以上。进去之后，我们各自看各自要访的药品区域，就算是碰头了，也当作“陌路人”，仍然继续走自己的，待“得手”后就各自出去，出门后我们才聚在一起。

（3）赶紧记。我们短时间的记忆是有限的，在竞争对手门店逛了一圈后，出门后要赶紧记下来，想着回去再写是不现实的。当然，别在人家店门口写。

因此，访价前的准备工作要做充分，提前将要访的产品打印成一张表，包括具体的品名、规格、生产厂家，只留一个价格栏空着。这样出门后马上就可以写在对应商品上，节约时间，也增加准确度。如果确实不记得了，可以到该连锁店别的门店再访。

（4）收单页。不同的药店都会做一些促销，促销时的DM单上会有一些商品的价格信息，有的会写上原价多少、促销价多少，这样不费吹灰之力便可以收集到一些产品的价格了。

我们平时在自己的住处附近，或者是上下班路上，遇到有人发药店单页，都可以去看看，往往人家会主动将DM单送到你手上，这样的便宜可是白捡的，为什么不捡呢？

收集的单页可以留存，以便下一次做对比，看看竞争对手在吸客商品上是怎样调整的。我们对竞争者了解得越透彻，就越清楚自己该怎么做。

（5）凑热闹。多数时候，我们的访价是为促销所用，因此，在竞争对手做活动时，去凑凑热闹，看看他们惊爆价品种“爆”到什么程度，为自己做活动作参考。

这种方式可以弥补我们收不到一些竞争药店 DM 单的缺憾，直接前往人家店里面，了解的价格真实有效，顺便还可以看一看人家的定价策略现场效果如何。

（6）托关系。不能否认，有时我们的同学就在竞争药店。虽然商业法则中要求不能透露“秘密”，但是对于公开的零售价信息，并不是“商业秘密”，有时熟人在一起聊天都会获知，有“关系”只是省去了舟车劳顿而已。

所以，如果说人脉有价值，那么在访价这件事上，人脉也有着极现实的意义。对于药店人员来说，与自己的同学保持必要的联系、与厂家业务人员保持良好关系等，都可以使我们更容易完成访价工作。

（7）扮角色。有时为了能探到竞争对手的优惠底价，我们也会扮演团购顾客，假装想要团购较大的量，看能给出多少折扣优惠。一般来说，并无恶意的“演绎”确实能得到更深层的价格信息，不过耗费的时间也更多。

扮演角色时，我们一般会说是某家工厂的，或者是某个旅游团的领队，或者是宾馆酒店经理等，做“真实”的顾客，因此也会得到真实的信息。

其实，访价还有一些需要注意的地方，比如，对访价的员工进行心理疏导。倘若员工带着抱怨情绪去访价，访来的信息偏差会较大，只有在访价人员对访价本身的重要性非常清楚的情况下，访来的价格才可用。

笔者曾收集到不同员工访来同一产品的价格，相差甚大，说明员工没有将访价放在心上或者只是随便写上去的，根本就没有到竞争对手那里去访。所以，要想访价真实有效，需要委派责任心强的员工，而且需要做必要的动员与培训。

有的同仁会说，在访价时，也可以用手机拍下来，这样就不需要记了。然而事实上，拍照会被禁止，所以还是不用为妥。

访价虽不易，但在市场竞争中却不可或缺，因此，员工去访价时最好还是做好充分准备，要尊重自己，更要尊重同行。

第二章

Chapter 2

以陈列破业绩“瓶颈”

1. 陈列的八大原则

兰兰是一家单体药店的老板，曾经有在药店工作的经历，凭着学到的知识，也凭着自己的悟性与勤奋，可以说药店经营得还不错。但在兰兰看来，自己门店的陈列怎么也比不上那些连锁药店，经常去看也只能模仿一下，却无法完全复制。兰兰想知道在陈列中到底有哪些规律可循。

兰兰遇到的其实就是药店的基本陈列原则问题，这是一个看似简单、谁都会做的事情，但真正执行时，却少有人能做得全而好。那么药店陈列有哪些原则呢？笔者总结了以下八点：

（1）按 GSP 要求陈列。这是一个最基本的要求，药品与非药品、处方药与非处方药、口服与外用、中药饮片和易串味品与其他药品都要分开，对温度有特殊要求的药品需要专柜保存，拆零药品集中放于拆零专柜，保留原包装标签等。这些是开药店的基础要求，每家药店都应遵守。

（2）量感陈列。所谓量感陈列，就是指在陈列时量要足，给顾客视觉上的冲击，让顾客感到商品热销，产品值得信赖。当然，量感陈列一般选择重点商品来做，通过特殊的货架位展示，这些特殊的货架位有堆头、端架、首层、收银台与凉茶筐。量感陈列也是引导顾客购物的无声语言，而且会令进店的顾客对药店产生很好的印象。

量感陈列也可以保证畅销商品不断货，并且对提升销量也有很大帮助。事实证明，通过量感陈列的商品销量增长较明显，也高于不做量感陈列的商品与药店。

（3）先产先出原则。药品的效期是所有药店人员都非常关心的问题，因为它一方面关系到报损，另一方面关系到顾客的生命健康。所以，在陈列时也要注意，将先生产的批次药品陈列在前面，后生产的陈列在后面，顾客一般会拿前面的药品，这样才能保持药品的新鲜度，也能减少报损。

从另外一个角度来看，商品新鲜度保持得好，其实顾客也更愿意到店里面来购物，因为顾客在心里面会认为，自己买到的都是最近才生产的，说明这家药店的生意很好，因此购买也放心。而且，现在顾客对商品的效期更加关注，往往顾客在购药时都养成了一种看效期的习惯，所以，对于药店来说，更需要做好先产先出陈列。

当然，要做好先产先出，其实也不易，因为员工要经常理货。来货后，要先将货架上面的商品拿出来，把新来的商品放在货架后面，然后再把原来的商品陈列在前面。这些工作看似小，实则需要员工很强的责任心才能坚持做好。

（4）关联陈列。常见的关联陈列有妇科、儿科用药相邻，感冒、清热解毒与止咳用药相邻等。关联陈列旨在引导顾客购药时，能使顾客自然而然地过渡到另一种药品的购买上，方便顾客，也能增加销售机会。

（5）纵向陈列。从上往下看，对顾客来说比较方便，而且从美观角度来看也更好。对于药店陈列来说，纵向陈列原则运用于各个类别的商品陈列，比如，营养素系列陈列，将某一个系列产品纵向陈列在某个货架，能方便顾客区分和寻找。此外，也可以在做单品培养时置于端架做纵向陈列，自上而下是一种商品，非常有气势，也更能吸引顾客的注意。

（6）品牌商品下移陈列。大多数药店品项都有2000多种，有品牌药，有贴牌的药，有动销快的药，有动销慢的药，顾客往往会点名要一些品牌药，其实只要员工利用良好的沟通，就有较大的机会置换成功。所以，在陈列时，可以将一些品牌药陈列在最下层，顾客无法很快找到，方便员工推荐与其成分相同的其他药品。如果顾客很方便就找到了品牌药，则员工少了很多与顾客交流的机会，当顾客在找商品遇到困难时自会求助于导购人员，这时员工就有置换的机会。另外，将动销慢一些的商品放在动销快的商品附近，也能带动其销售。

（7）季节性陈列。四季变化，门店的商品展示也要有变化，所以，在陈列时，应随季节不同而体现不同的主题。春季宜以防流感、清肠、排毒、瘦身为主，夏天的主题便是清热解毒、防暑降温、防晒止痒、补水保湿等，秋天的主题应是滋补与防干燥，而护肤、防冻、保暖则是冬季的主题。不同季节，只要选对商品，对顾客自会有吸引力。

（8）易见易拿陈列。在陈列时，层板之间要留足顾客拿取商品的空间。如果摆放太实，顾客手指都伸不进去，则不妥，当然，间距太大又显得太空，笔者发现很多药店的陈列都显得过空。而且，商品之间不能太挤，有的药店商品挤得很紧，顾客拿出来都很费力，更不用说销售了。此外，除了门店有意隐藏某些商品外，商品陈列都应方便顾客看到，在外用软膏类药品陈列时，可以将层板打斜，这样顾客看起来就很方便，而且拿取时不易掉落。

陈列是一项细致活，需要用心做。只要兰兰用好这些陈列原则，多多练习，不怕繁与累，则不仅能做好陈列，更能做出好业绩。

2. 陈列常见问题

清灵是M连锁药店有限公司的运营经理，她在巡店过程中发现门店的陈列有问题，但是总不太清楚问题到底在哪里，她请笔者协助。事实上，笔者对M连锁药店很熟悉，不过，M连锁药店遇到的陈列问题具有共性，也就是说，其他的很多连锁药店或单体药店也存在这样的陈列漏洞。那么，门店在陈列方面常出现的问题有哪些呢？

很多连锁药店都采取了开放式货架陈列，且一般来说，分区明确，大种类标识清晰，企业首推品种陈列在了首三层或者黄金位置等。这是做得比较好的方面，问题在于：

（1）品类模糊。门店一些商品的归属不明确，按陈列要求来说应陈列在A区，但是陈列在了B区。而且同一种商品不同门店陈列的区还不同，导致顾客与员工在寻找商品时费时更长，不利于销售。

（2）主次不明显。在陈列中只体现了自己想推荐的一些商品，却没有体现季节性、区隔性。

（3）细节缺失。可能是因为企业对陈列的要求不同，所以各家连锁门店员工对陈列的维护做得尚好，但是却缺乏主动创造性与对细节陈列方面的重视。比如，层板之间的距离不均，且空的太大，既不美观，也不丰满；对于死角处的商品或者棉签、口罩等小商品的整齐度不关心。

（4）商品之间的关联性缺失。其实，在进行陈列时，各大类别的产品并不是随意陈列的。比如，我们一般会将妇科用药与儿科用药靠近，将感冒与清热解毒用药靠近等，都是因为其有相关性，而很多连锁药店卖场中这类紧密的关联性不明确。

（5）陈列手法。主要是看店经理与店员陈列的熟悉度，陈列技巧如纵向梯形陈列、堆头陈列、收银台陈列、首层陈列、凉茶筐陈列等，这些都是要用心做才会出效果，这也与门店员工的能力相关。

面对这些问题，又该如何去改善呢？笔者建议如下：

（1）树样板。除了要求员工维护陈列外，应对细节处和季节性陈列有明确的要求。在店经理例会时对主题陈列做出样板来，将不合规定的陈列展示出来，要求整改，避免其他门店出现同样的问题。

（2）聘人才。在陈列方面，有些企业因为这方面的人才缺失，所以根本没有办法建立一个高标准，因此，有必要从一些基础陈列好的企业中聘请人才过来提高陈列水平。

（3）多比赛。以比赛来训练员工的陈列手法，强化员工对陈列的关注，同时还能营造出良好的销售氛围。

（4）提升专业能力。商品之间的关联不是随意进行的，而是借由专业知识来进行整合，因此，专业知识强，也意味着员工对到店商品会有更准确的陈列与关联。

陈列好是良好业绩的基础，陈列好了，员工与顾客的情绪都会受到影响。所以，改善了陈列问题，其实也就解决了业绩瓶颈问题之一。

3. 以“数据”优化陈列

福康是K药店的店经理，每月的陈列都是按照公司的营销主题来做的，但是，福康觉得门店的员工因此被引导至集中于销售那些主题商品，带来的“副作用”就是员工不会卖其他的产品了，一些本来可以卖得好的商品也成为滞销品。这也只是福康“隐隐”地感觉到的，但并没有花太多心思去考虑。管它呢，反正公司要求这样做，照做总没错，因此带来的问题也不是自己的事，以后再说吧！

事实上，每天埋头于门店日常事务，福康也根本没有时间去考虑数据与货架的关系，在目前的药店运营管理中，正是因为大家都采取了“主题营销”的方式，因此，店经理的照做也使他们养成了不善于思考自己门店的商品到底该如何优化的陋习。

因为，在店经理的思维中，商品陈列的问题都是“领导们”考虑的事，自己“依葫芦画瓢”总不会有过失的。可这是机械主义的想法，每家门店的实情都有所不同，门店在遵循公司“大营销主题”的前提下，其实需要不断跟进销售数据，及时发现陈列中的问题，来重新调整陈列，以优化现场产出。

怎样去看我们的数据呢？在门店，我们可通过阶段分析来看清。对于门店来说，应以周为阶段来看销售数据，黄金货架位的商品一周都没有动销或者动得很少，一定是有问题的。如果是员工不会卖，那就培训卖的方法；如果大家都会卖，那可能是另有其因，比如，产品本身特性等；如果是产品的问题，则可能需要及时调整商品，在营销主题范围内找新的适销品种，当然，与厂商有陈列协议的除外。

事实上，当我们在门店发现商品需要调整时，除了调整其排面数、层板、货架位置等，还应注意以下几个关键点：

（1）难易结合。每个货架中可能都会有热销品种，也会有一些难卖的品种，如果要提高难卖的品种的销售量，则在陈列时应将其陈列在热销品边上。在这里“数据”是产品的销量。

（2）新老结合。新品进店，员工对其有一个了解的过程，顾客亦然。但是员工与顾客对老品都较熟悉，所以，将新品陈列在老品边上，既方便大家了解它，也利于其销售。在这里，“数据”是产品的到店时间。

（3）品牌与毛利。顾客进店，放眼望去若都是自己没见过的产品，那会赶走顾客。而有一些品牌的商品是顾客知道的，则能吸引其停留。将高毛利商品与品牌商品结合陈列是有效的留客与改善毛利的方法。在这里“数据”是产品的毛利率。

（4）近效期与新批号。“先产先出”是大家都知道的，可是我们在门店销售中，发现如今的顾客都很聪明，他们习惯于看第一盒商品的效期，如果不好，他们会离开或者自己找效期好的商品。所以，在陈列与销售时，拿给顾客看的商品应注意其效期，而在陈列时，也许第一盒并不一定就放近效期的，某些情况下，近效期也许可以尝试放在第二盒的位置。在这里“数据”是产品的“生产日期”。

（5）价格带。顾客的消费能力不同，适合他们的产品也不一样，陈列商品时，也应以高、中、低价格带来进行陈列，特别是顾客容易看到的货位。在这里，“数据”是产品的价格。

可见，优化门店的陈列，不仅是以销售数据来定，还要结合门店、商品、顾客的“数据”来进行。不管黑猫还是白猫，抓到老鼠的就是好猫！对于门店来说，利于销售、符合门店现实状况而又有规矩的陈列就是好的陈列。

4. 优化卖场的7个手法

胡元是G药店的店经理，公司对业绩的高压使得胡元很难有心思去考虑卖场管理，在总部人员的多次巡店中，G店都成了卖场问题店。业绩虽好，但脏、乱、差，这是领导对G店的评语，也是给胡元的警告。对于胡元来说，她没有系统地学习过门店管理，都是自己一手摸索，一路从店员成长上来的，所以，她也的确无话可说，因为事实的确如此。要说氛围布置、堆头陈列，她也是高手，但是自己的门店就是没有人家的干净，就是没有人家的整齐，就是没有人家的好看。可是具体说，胡元又说不上该怎么办？

药店管理中卖场管理是最考验店经理的综合实力的，可以说，店长要做好业绩不难，要做好专业服务也不难，但是要随时保证自己的卖场是最高效的，最有吸引力的，却是只有优秀店长才能做到的。那在进行卖场管理时，问题主要体现在哪些方面呢？

（1）脏。从货架到商品，从陈列区到休息间，是否有积灰？收银台面是黑的还是白的？抹布是白的还是黑的？气球是否瘪掉了？咨询桌的桌布有多长时间没有洗了？微波炉里面的油有多厚了？卖场的脏可以体现在各个细节上，多到想不到。

（2）乱。每次来货后上好了货，但是空箱堆满了墙角，说是待会收纸箱的老头就会来；货架上整条的小瓶 VC 被塑料纸包着，叫顾客买的时候自己拆吗？角落里蹲下去看，总能找到没有价签、没有排面，也没有销售的“三无商品”；POS 机上面贴了多少张便条？随性的陈列，更有被损坏的器械仍在架上等。

（3）差。差，并不只是说业绩，差在卖场也体现在工作人员的精神状态与门店的精、气、神上。对于门店来说，精气神就是软性氛围的布置，包括 POP、货架语言等。

对门店进行卖场管理，主要体现在细节把控上。对于药店来说，优化卖场，改善细节可以通过以下 7 种手法：

（1）布。这里的布是布局、布阵之意。卖场是一个空间，这个空间因为有了货架、商品才能聚客，但是几百箱货到了店里面，应该按照怎样的方式来布局呢？

除了遵循新版 GSP 的要求外，在具体的陈列上应该怎样安排？也就是说，哪些类别的商品宜放在一起？哪些宜放在卖场前半场？哪些宜放在后半场？不同的季度堆头的商品又该是哪些？（请参考图 2－1）

当然，器械类药品也可沿玻璃橱窗陈列，以吸引顾客。我们在做空间管理时，除了要考虑关联性，还要考虑季节变化，比如，夏季外用软膏销量相对较大，所以可能需要调整到前半场，而滋补类的此时销量相对较小，就需要调整到后半场了。

布局，对于卖场管理来说是最重要的一环。因为，一旦空间管理定好了，要再次调整是非常辛苦的，这也是每到季节变化时，员工最怕进行货架调整的原因。但是要晓得，那么多大型超市不管干到多晚，都会及时地进行卖场调整，原因就是卖场的布局对业绩影响非常大。在这一点上，对于药店来说，也同样如此。

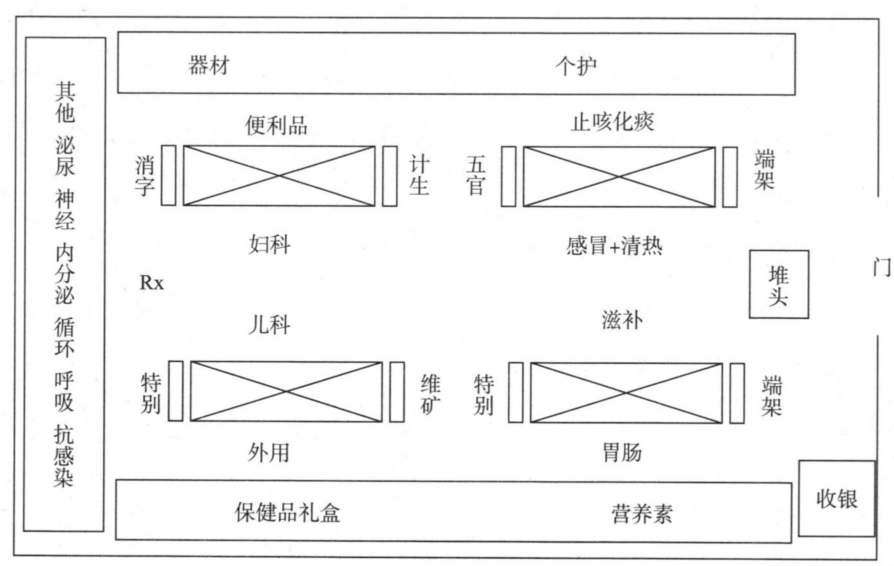

图 2－1　药品陈列图

（2）理。治乱的另一招是整理，随手理货是药店人员的日常工作。我们将它细化一下，一是每次销售后及时到刚才拿药的地方进行整理；二是定时理，比如，每个整点进行理货；三是交接班前理货；四是晚上下班前进行理货。这是从理的时间来细分，而从员工的负责区域来看，也可以对每个员工的“自留地”进行检查，要求员工对自己区域做到每隔一段时间进行整理。这个可以设立一个时间标准，比如，半小时一次等。

理，关键还是在于员工用心负责，如果员工只是应付差事，那么理的结果可能不尽如人意。从管理的角度来看，以标准进行检核是行之有效的方法。

（3）拆。药店人员每天都要拆，笔者想说的是，针对卖场，我们需要确保不留多余空箱。来货后，下完了货及时将空箱拆掉，整齐码好，如果不需要留存，则及时卖掉。而在货架上的也不应出现整条被塑封好的商品，那样是向顾客传递你不想卖这件商品的信息，所以，应及时拆掉塑封，整齐有序地摆在货架上。

拆也体现在货架上。一些门店，本身空间就不够，或者说是空间虽够，但来客数不多，商品库存有限，存在多余的货架。此时应将多余的货架或者是不必要的货架及时拆除，保证卖场通道宽敞。

（4）移。对于固定的货架，多数人都会习惯地继续按照货架的位置上货，其实，随着时间变迁，有时原先的货架位置可能并不太好。所以，要经常以局外人的角度来看自己的卖场货架，将货架移一移。

笔者记得刚开始当区域经理时，一家门店准备开业，笔者到店里面，并没有太在意其货架，将货上好后，才发现货架位置不对。后来才知道，原来那货架只是工程人员随意摆放的，此时再来移货架就困难了许多。

在管理自己的门店时，要摒弃固有思维，必要的时候移一移货架，总会有新的发现。

（5）擦。擦货架对于药店人员来说也是一项基本工作，以笔者的经验，货架打扫的频次宜在每周一到两次。对于那些在马路边上、灰又比较大的门店来说，可能每天都要打扫一次。为了避免弄湿药盒，应将药全部拿出来，湿抹布擦好后再用干抹布擦，再摆上药品。

对于易脏的地方，比如，收银台、咨询台、休息间的小桌子与微波炉要特别关注，及时进行彻底清洁。

（6）码。商品陈列的时候，要想商品整齐，特别是梯形纵向陈列时，最要紧的一点就是基底平稳。因此，在码商品的时候，需要用到一些工具，比如，空盒、KT 板等。空盒要稳且扎实，里面可以放一些废纸或者塑料泡沫支撑，否则时间长了就会塌掉。笔者也看到有些药店用专用的工程材料做陈列的台阶，甚至有些药店在设计货架时就以梯形的样子来做，那陈列时就方便了许多。

码的时候，要注意前后是否在一条线上、水平是否在一条线上、盒子的颜色与大小是否合适等。

（7）插。对于零售人员来说，也许这是独有的一种手法，因为我们经常要用到爆炸贴与插卡，也要经常上价签，这里面就需要插。放价签的时候要看是否平，插卡也是同样的道理，插爆炸贴时要注意是否完全嵌稳，否则过一会爆炸贴就会倒下来。

药店的卖场也是特殊的卖场，可以通过布、理、拆、移、擦、码、插等手法来优化卖场，优化的目的既是提升门店的形象，也是提升业绩。如果卖场都不对了，员工在里面辛辛苦苦做关联，累却收效有限。所以，要让门店有更好的产出，卖场治理是药店人员不可回避的。而在优化时，管理者对细节的追求将体现在卖场效果上，也将体现在企业的综合运营管理水平上。

5. 巧用打斜陈列

韦恩是Q药店的店长，在做商品陈列时，韦恩发现了一个问题。那就是外用药膏盒子一般比较小，平放在货架上之后，顾客看起来不方便，加上软膏陈列在一起，密密麻麻的，找起来也比较麻烦。这个问题一直困扰着韦恩，也给顾客带来了不少麻烦。

韦恩在这里说到的是包装相对较小的商品该如何陈列的问题。的确，我们在门店陈列外用软膏时确实会存在以下问题：

（1）横放还是竖放。药膏呈长条形，横着放费排面，竖着放又不方便寻找，顾客找的时候只能凭着对药膏盒子颜色的记忆来搜索。

（2）不美观。药膏陈列好后，总觉得怪怪的，大大小小、高高低低、参差不齐，显得凌乱。

（3）视线接触面窄。因药膏类小商品陈列后多呈一字形往里延伸，顾客在货架区域视线看到的是商品的侧面，不像其他的货架区域商品一般都比较大，直接是正面朝外向着顾客陈列的。因此，小商品以正常的平板陈列，顾客看起来很不方便。

其实，在做陈列时，商品的包装大小不同、类别不同、性状不同，其陈列的方式方法都有区别。

不少有经验的药店人员面对这个问题时，都会用打斜陈列法。所谓打斜陈列是指将层板外缘朝下，使层板与货架柱子形成一个约75度的斜角，层板看起来就像一个斜坡，配以价签卡条透明小挡板，则完全可以使小商品靠在小挡板上且整齐一致。

打斜陈列的方式有以下几个好处：

（1）与顾客的视线接触面大了。当层板呈向下斜坡式的展示时，顾客站在货架区域将能看到层板更里面的商品，寻找商品变得更容易。

（2）拿取方便。打斜陈列后，顾客拿的时候正好形成一个较大的角度，这样便于拇指与其他手指配合拿药，而如果是平放的层板，手要调整一下角度才方便拿。

（3）展示美观。打斜陈列后，商品只要横着放即可，如平铺在一个斜坡上，呈现自然的量感，且其正面正好在顾客合理视线内，也避免了平放时商品高低明显的缺点，打斜之后看起来也更美观。

打斜陈列做起来有些技巧，就是层板与货架柱子之间要卡稳，且需要配一个透明的小塑料挡板，防止商品滑落。有一些价签的卡条上就直接连着这种小挡板，更方便。

一般来说，打斜陈列用于外用软膏等其他小商品，也用于不适合站立陈列的贴膏等商品。打斜陈列易见、易取、易选，方便顾客，实用又美观，只要用得恰当，它在门店众多的商品陈列展示中会更突出，看上去如同一道美丽的风景线。

6. 优化处方药陈列

Q药店准备开业，正在上货，安排了丁诺药师陈列处方药柜药品。丁药师很用心地做，做到一半的时候，店经理莫迪过来看了一下，很不满意，说："丁药师，这些小瓶心脑血管用药就不要摆在背柜上第三、第四层，这么好的位置可惜了，顾客会主动要这些药，而且又不好看。"丁药师一脸茫然，说在以前的单位从来没有对处方药陈列有这种"美感"要求，只要按系统分类好就可以了。莫迪说："时代变了，处方药陈列不仅要规范，更要注重美观，有量感、有内涵，这样对我们业绩提升也是有帮助的。"

莫迪这里说到的处方药陈列问题在多数药店是被忽视的。因为处方药是封闭的，且是顾客凭处方购买，但是这并不意味着处方药的陈列没有章法。目前我们在处方药的陈列上存在以下问题：

（1）处方柜成了"小仓库"。不少药店的处方柜被塞得满满的，特别是最下面一层，看上去就是一个"微型仓库"，商品又乱又难找。之所以会这样是因为一些处方药动销快，备货较多，还有就是处方柜台在多数药店都较挤、空间小、品种多、放不下，工作人员没有办法，只好"塞"。

（2）缺乏章法。处方药的陈列多由药师完成，药师陈列时按呼吸、循环、内分泌等系统进行分类，这没有错，但仅此而已，在陈列细节上不会去做更多考虑。

（3）没有重点。顾客走到处方柜台看到密密麻麻的药品，看不出这家药店在处方药中重点关注哪些品种。其实虽然无法主动推荐处方药，但是不少处方上是药品的通用名，而同一通用名的药品不止一种。这时，工作人员在提供药品时是可以进行重点引导的，而陈列上也可体现出来，当然，一定要注意药品的规格。

（4）美感的缺失。处方药包装也是很好看的，只要陈列时注意排面与层距，运用合适的技巧，也可以做出有吸引力的陈列。

（5）药品被隐藏。一些处方药因为没有位置，被侧放或者是平放，顾客根本看不到药品的“面”。有的甚至被隐藏在成堆的药品里，连价签都没有，很难找到，当然也可能受人为因素的影响。

在处方药陈列上，因其被限制而被忽视。从经营的角度来看，在遵循法规的前提下，可以进行“亮化”，笔者给出如下建议：

（1）规范品类。处方药并非越多越好，有的药店单芦丁片就有四五个厂家的产品，完全没有必要，这类品种的品牌敏感度低，一个就足够了。这种品类问题需要很好地规范一下，去除重复的又没有价值的品种，价格带多体现在有不同目标人群的部分高价值品种上，而不是体现在所有品种上。

（2）改善习惯。一些药店习惯将处方药放在背柜最下层，方便省事。其实在背柜下面一般都有小柜子，可以储放柜台上摆不下的药品，药店人员应养成习惯将放不下的处方药整齐分类放在背柜下面的小柜子里，而不是塞在柜台上。如果小柜子里也摆不下，那就要看一下进货是否过多。其实库存过大，对药店来说，是隐性成本增加，看不见的成本，但却每天都在花钱，老板可是很心痛的。

（3）区隔明显。一般来说，我们会将心脑血管药品与内分泌药品、呼吸系统药品与抗感染药品、神经系统药品与运动系统药品相邻摆放，这是依据疾病内在的联系。只是笔者想说的是，即使是有关联的系统，其分类区隔也一定要明显，更不用说没有内在关联性的药品了。有些药店同一个层板上左边是骨关节用药，右边是避孕用药，着实难以恭维。

（4）重点突出。处方药陈列也同样有黄金位置，背柜第二层至第四层正好是视线上、下 15° 的范围，是顾客最易看到的位置。这个区间的药应体现出公司的主导品种，扩大排面，做适当的量感甚至双层陈列。

（5）正面朝外。这一点对所有的商品都适用，处方药也一样，商品正面朝外能向顾客传递清楚的信息，也是向顾客表示欢迎。想想看药品以“屁股”对着别人，那表示什么呢？侧放与平放都应避免。

（6）一线原则。在陈列商品时，应保持前后方向与水平方向都在一条线上，也就是纵向与横向都是直的，这在处方药上也同样适用。只是处方药中有不少是小瓶的，要坚持做到不容易，但是做到了就是优秀药店的标准。

（7）高度渐进。一些药店陈列处方药时，同一层板上，高高低低像山峦起伏，这样并不“美”。药品陈列应左高右低，或者左低右高也没多大问题，但各层板要遵循统一规律才会规整。

处方药要按规矩卖，也要按规定陈列，但并不意味着无法“美化”。在遵循法规的前提下，仍可以通过关注其整齐度、内在联系、重点品种、品类、区隔等来优化视觉体验，驱除“弊病”。这样做，也可间接控制成本，提升业绩。

7. 药店通道设计

阿信是H连锁药店有限公司的区域经理，对于阿信来说，销售跟进、商品陈列等都不难。但是，阿信在做门店布局时，常对通道设计没有概念，不知道有哪些准则，也没有人教过他。说实在的，虽然阿信所在的H连锁药店有限公司也是全国知名企业，但是阿信身边非常懂通道设计的却没有几个人，也没有人主动教过阿信。所以，阿信在药店通道设计上也很模糊，只凭感觉做，那么，就让我们一起来揭开这一神秘面纱。

卖场通道分主副通道，主通道引导顾客，副通道只是支流。好的设计能依靠卖场商品配置与陈列，引导顾客走向卖场各个角落，充分利用卖场空间。

可以说，药店通道设计与超市有着相似之处，但是，又因为药店大多数面积较小，而且药品又具有特殊性，所以，在设计通道时也有着很多不同之处。那到底有哪些设计原则呢?

(1) 主通道明显。一般来说，顾客进店会沿着卖场设计的主通道行进，很多药店因为面积有限，各个通道都较窄，令顾客分不清主次，起不到引导顾客的作用。所以，药店在设计通道时，主通道的宽度要明显大于副通道，顾客进出方便，也不会产生碰撞与摩擦。有些药店在超市里面，空间更有限，高峰时，多几位顾客进店就会出现拥堵现象，特别是顾客推着超市里面的手推车进店时，更会出现进不来出不去的局面。所以，在设计时需要考虑到这一点，同时员工在高峰期也要进行良好的引导与提示，避免顾客在店内“堵车”。

（2）直线设计。直线设计方便顾客沿着货架一直前进，如果店内布置得横七竖八，就会让顾客迷路。当然，在药店这种情况较少，因为大多数药店内的货架并不多，只是提醒药店在布局时不能随意。笔者发现在零售药店行业，有很多不懂通道设计的人瞎指挥，另一方面，也说明在这一点上，药店人员接受的培训也很少，所以这类人才也稀有。

（3）避免死角。笔者去很多药店观察过，发现不少药店都存在“死角”，比如，通道被消防设备挡住、角落有大量摆不下的货与空箱等。收银台与角落有不少商品被打入“冷宫”，顾客根本无法接触到，甚至连看都看不到。试想一下，除了人为故意隐藏外，顾客看都看不到的商品能有多好的销量呢？

（4）少拐角。前一段时间，一位同事请笔者帮忙分析一家店的空间管理，到店后，笔者发现这家店是一个极不规则的形状，拐角太多，中间还有立柱，很难设计好。可见，要想有好的通道，选址人员在选址时，也需要对卖场通道是否好设计留意一下，否则，即使铺位便宜也并非是好事。当然，并不是完全规避，这也很难做到，应尽可能少一些拐角，同时要配以合理的商品陈列线。

（5）亮度。一些单体药店亮度明显不够，消费者进去后会有一种紧张感，连锁药店出现的亮度问题往往是由于维修拖延时间过长。事实上，门店有足够的亮度会令顾客感觉更舒适。

（6）收银台位。一般来说，药店的收银台大都在门口，这样顾客进去之后逛一圈，再从收银台经过出门。如果门店有两扇门，则收银台应设在顾客进出相对少一点的那扇门的位置，这样能引导顾客走向其他商品区，带动其他区域商品的销售。

（7）堆头位置。对于面积本来就不大的药店来说，堆头的设计非常关键。有些门店堆头做好后，顾客进出与收银都受到了影响，就不合适，堆头的设计最起码不应影响收银与顾客进出。另外，可以通过调整货架位置，空出足够的空间来做堆头，而不至于出现后半场空，前半场又太挤的现象。

通道设计在开业前就应做好，整体布局对了，后面员工的导购、陈列才有准绳。如果通道设计都错了，那么员工在里面也会觉得很难受。更可怕的是，时间长了，员工适应了不合理的通道，加上货架上都有商品，要改过来更难。因此，通道设计应有懂得其中道理的人协助高质量完成，这样的门店才会创造出更好的业绩。

8. 打造收银台样板店

青婷是L药店的店长，该店收银台产出每天不足50元，这令青婷十分担心。因为业绩压力很大，青婷需要在门店挖掘每一个增长点，而收银台是最易见成效的一个地方。青婷到优秀门店去看，发现人家可以卖到一天几百元钱，占比达到了7%以上，而自己门店只有不到2%。

青婷分析了下，认为自己门店的收银台产出低主要有以下几个原因：

（1）员工少一句话推荐。收银台产出，单靠顾客自己来选购是不会有多少成交量的，须由收银员与导购人员在收银台或顾客前往收银台的过程中介绍。如果员工少这样的一句话推荐，则收银台产出会很少。

青婷发现只有自己上班的时候，员工才会较主动地推荐。事实上，每天50元的产出也基本上是自己在上班时卖出去的。

（2）收银台缺乏商品展示。青婷看到优秀门店收银台产出较好，其中有一个很重要的原因就是收银台商品的展示。优秀门店都在收银台进行了量感陈列，而且陈列得非常漂亮，对顾客有较大吸引力。

青婷看了一下自己门店，只是简单地摆了几件商品在上面，员工顺手时推荐而已。

（3）商品选择不当。要引起顾客兴趣，商品的选择非常重要。收银台推荐的目的是增加客单价，也就是说，要选择受众广的，或季节性的、各类型顾客都可以用到的一些商品，比如，VC泡腾片、枇杷糖、牙膏等。

（4）缺乏目标。青婷没有给员工设定每天的收银台销售目标，员工没有指标压力，完全凭着心情去做这件事，所以，结果自然也不会好。

为此，青婷从以下几方面着手，打造收银台样板店。

（1）要求员工100%推荐。每位顾客到收银台时，收银员或导购人员都必须向顾客推荐一件适合的产品，必要的时候可以推荐多件商品。同时，员工之间要相互配合，增强顾客购买信心。

（2）量感陈列。通过在收银台制作一个小型的梯形展示架，将商品依纵向陈列，口服与外用分开，陈列于收银台左右位置，中间空出足够空间给顾客与收银台员工交流。这样收银台就不再是原先单一的收银功能，而是增加了提升客单价的功能。

（3）选择适销品种。青婷考虑到夏天有口臭、咽喉疾病、皮肤问题等的顾客较多，就选择了口气清新喷剂、芦荟胶、喉宝等产品，备货量也相对较足，这些商品一句话推荐的成功率明显高很多。

（4）设定目标。青婷给每班每人都定了具体的销售额目标，同时细化到了具体的商品上，这样员工上班时只要记住自己要卖几支芦荟胶、几个口喷等就可以了。

同时，对完成目标的员工，按完成的多少分级别制定奖励方案，没有完成的也有相应的处罚措施，如此一来员工就非常重视收银台商品的推荐了。

经过一个多月的运作，L店的收银台销售占比从原来的不到2%提升到了10%，整体营业额也增长到了一天200多元。数据说明，只要用心做，团队一起努力，打造收银台样板店并不是一件难事。

9. 立体化管理提升收银台产出

案例一：

金红是H药店的店长，说到收银台产出，金红一肚子苦水："分配给员工卖，都说推荐了，也都说有顾客买了，可是一统计，销售得却并不好。一问，大伙都说自己有卖，不知道怎么回事。"金红被搅得一头雾水，既然都有卖，为什么数据上看不出来？这种"大家说"的显然不可信，也许需要一个工具来帮帮忙才好。

金红这里遇到的是一个主观感觉需要量化的问题。在店里，员工都说自己卖了，可实际销售并不理想。这里有两个问题，一是金红有没有要求卖多少，二是员工卖了之后是否有记录。要解决这两个问题，需要一张收银台周跟进表，如表2－1：

表2－1 收银台商品跟进表

＊周收银台商品跟进表	
店名：	本周日期区间：
本周会员卡指标： 本周收银台指标：	

续表

日期	班次	卡目标量	卡达成张数	商品总目标额	商品总目标量	商品A目标量	商品A实售	商品B目标量	商品B实售	商品C目标量	商品C实售	当班实售总量	当班实售总额	当班来客数	推荐成功率（实售量/来客数）	收银员
0101	早															
	晚															
0102	早															
	晚															
0103	早															
	晚															
0104	早															
	晚															
0105	早															
	晚															
0106	早															
	晚															
0107	早															
	晚															
合计																
本周会员卡总数量：																
本周收银台实售总额：　日均： 金额达成率：																
本周收银台实售总量：　总来客数： 推荐成功率：																
收银员1：　总金额：　收银次数：　日均：　总数量： 交易达成：　会员卡：																
收银员2：　总金额：　收银次数：　日均：　总数量： 交易达成：　会员卡：																
收银员3：　总金额：　收银次数：　日均：　总数量： 交易达成：　会员卡：																

解决之道：表格量化

我们要抓住收银台商品的产出，可以从这几个角度来考核：

（1）分班。将每月或每周的目标分解到班，同时明确早晚班的目标量与目标额，当班结束后进行统计，看完成情况。

目标分解的时候，要分数量与金额来进行考查，目的是提升当班总的销售额。如果单以数量来考核，一些收银员会只卖低单价的产品；而只以金额来考核的话，收银员会强推高单价的产品，成交率会受影响。

（2）落实到具体的人。一般来说，将收银台的指标给到收银员，不同班次的收银员可以进行比赛。当然，在班的同事也可以帮着一起来销售，如果需要强化，可以加上当班的考核。

（3）具体的收银台商品。原则上，收银台商品的设定不要超过 5 件，太多了则收银员照顾不过来。同时，要对全员进行收银台商品卖点的分析与培训，交接班进行总结与经验分享。

（4）进行周汇总。一周结束后，对一周的数据进行统计分析，看看哪位收银员的总额最高，哪位收银员的推荐成功率最高，哪位收银员的会员卡办得最好。将分析结果进行通报，并及时奖励。

量化之后，每位收银员的产出都一清二楚。如果要考核全员的收银台产出，也可以班为单位进行统计，在销售时，以员工工号进行记录，则可清楚地知道了谁卖了、谁没有卖。为了避免争抢，也可制定当班整体分级奖罚制度，每位员工的销售都会使大家接近共同的奖励目标，这样个人的销售也是集体的销售，可有效避免员工矛盾。

案例二：

T店是一家普通的社区药店，该店的收银台销售额不到总销售额1%，而同类型的门店做得好的达到了8%，如此大的差距引起了笔者的注意。

到了T店的时候，首先看收银台，商品陈列少，没有吸引力。顾客到了，收银台员工也不主动推荐，直接付款走人。看样子真是“姜太公钓鱼，愿者上钩”！但是在药店，有多少顾客会主动要收银台的商品呢？再看看收银台商品周跟进表，好几天都没有填。

这个案例中存在这样几个问题，一是收银台商品的陈列，二是员工的状态，三是管理人员的漠视。

解决之道：陈列亮化与传、帮、带、比

要处理好这种“无所谓”的门店，需要用一些技巧和下狠心：

（1）收银台陈列亮化。事实上，收银台同样可以做出梯形陈列来。可以用空盒搭出台阶，再用绿色的KT板垫好与包边，做成一个小型的台阶式收银台展架，然后将商品陈列在上面，则效果很好。

一些特殊的商品如唇膏可以摆专用的唇膏架，有条件的药店也可以根据收银台大小制作专门的收银台小货架。

商品要确保有足够的量，同时要配以POP，一些需要试用的商品如护体乳、精油等可以放一瓶试用品在收银台，一些有试吃装的营养素如钙片等也可放试吃品。

（2）调整员工。员工对收银台的销售不重视的原因主要在于心态。以T店为例，应与该店员工进行思想沟通，问清原因，排除客观因素，并找到解决办法。必要的时候应重新调整人员，将一些收银台销售较好的员工协调至该店。

管理人员在这一问题上也需要承担责任，员工的不重视与管理人员的态度也是相关的。所以对门店经理也需要与之进行深入交流，给予压力与方法，帮其扭转局面，必要的时候也可调换店经理。

（3）培训。可以安排员工到产出占比为8%的门店去学习，也可安排专门的培训，包括演练等，通过传、帮、带、比带动T店的收银台销售。

收银台是门店产出增长的一个重要阵地，一些药店对此并没有足够的认识。也许，当我们在抱怨房租涨得越来越厉害时，当我们面临的竞争越来越大时，当我们遇到了业绩瓶颈时，我们为什么不反过来想想，业绩也是可以通过更专业的细化与量化来实现突破的。

10. 透视围收银台陈列

阳春是G药店的收银员，她有一个秘密，就是她虽然较少到卖场去，但是同样做出了不少业绩。阳春是怎样做到的呢？她在收银台后面的背柜上陈列了一些商品，同时在收银台前面放了一个凉茶筐，夏天放凉茶，冬天放板蓝根、红枣、核桃等产品。按阳春的话来说，就是很多时候顾客在那里等着付钱，没事就看看收银台后面与周边，机会就这样来了。

需要特别指出的是，阳春这里所说的围收银台陈列并不是大家所说的收银台商品。收银台商品是直接陈列在收银台上，而围收银台陈列是指在收银台四周的商品陈列，包括收银台后面的背柜、收银台前两至三层的小层板，侧边的堆头，凉茶筐等。一般来说，我们主要通过一句话推荐来实现收银台商品的销售，而围收银台商品则多需通过商品本身引起顾客购买欲望，其营销靶点是唤醒顾客本有的需求，而不是挖掘其模糊的需求。因此，围收银台区陈列的商品非常重要。

收银员在收银台主要是负责收银，同时会顺便推荐收银台上的商品，但是无心顾及周边的商品。不过，顾客自己的视野却很广，当顾客等待时，会自然地观察收银台附近区域的商品。因该区域商品离收银员的手相对远些，不方便“顺手”推，所以，商品本身的吸引力很关键。

通过合理的围收银台区域商品规划，可以增加营业机会。那围收银台区的商品陈列有哪些窍门呢？

（1）品牌性较强的产品。在收银台后面的背柜上陈列知名品牌的商品，或者是时下广告商品，以知名、流行与季节元素来考虑，则商品会向顾客说："我就在这里，快带我回家吧！"当然，其大小需要符合背柜特点。

（2）小件便利品。我们常会有这样的经历，就是去了超市后回到家里，才想起要买的某样东西忘了买，而且多数是小件便利品。很多便利品在超市有卖，在药店也有卖，比如，创可贴、橡皮膏等。便利性商品需要门店员工好好整理，找到顾客需要的点。

（3）多点陈列品。一些公司主推品种，为了在更大程度上实现销售，会进行多点陈列，正常货架有，收银台附近也会体现。

（4）冲动性消费品。一般来说，延伸至食品如话梅、口香糖、糖果、儿童零食等类别的产品，易引起顾客冲动性消费，可陈列在收银台前面的几个小层板上，其高度刚好与儿童吻合。当然，这一区域的顾客群并不仅限于儿童。

（5）新奇商品。药店在探索多元化经营的道路上，会不断尝试新的商品，特别是一些很有意思的、令人感到很新奇的产品。笔者记得曾经在门店销售过一种玩具狗，通过在收银台附近进行演示，小狗大笑的声音引起准备结账的顾客很大兴趣，也产生了一些销售量。当然，这些产品有销售时限性。

（6）专区推荐。收银台附近的区域是顾客集中度高的地方，若与厂家合作，也可设立一些背柜专区，以个人护理品或中小型器械为宜。也可展示其他品类如精品罐装中药，或高档参类等。

（7）常换常新。围收银台区的商品宜经常更换。一是经过一段时间，顾客对商品会较熟悉，产生视觉疲劳与消费倦怠；二是时间在推移，有吸引力的商品也不同。

目前，经营思路清晰的药店多会设收银台推荐商品，但是在围收银台区商品的选择与陈列上却缺少考虑。其实，通过合理的“围点”攻略，能在更大程度上增加产出，减少员工的推荐压力。

第三章

Chapter 3

以服务奠定专业化基础

1. 顾客分层，实现高盈利

君碧是P药店的店经理，在进行顾客数据分析时，君碧发现，店里面有几位VIP顾客每年的积分都在10000分以上。也就是说，他们每年消费超过了一万元，其中营养素与个护占了较高比例。君碧在想，要是这部分顾客去了其他地方消费，自己店里的生意可就差远了。而另外有很多顾客总是挑打折与最优惠的时候买东西，看上去也是老顾客，但是对门店的贡献却是负值。这些顾客究竟怎么了？他们的不同之处到底是什么？该怎样管理自己的顾客呢？

案例中透露出的问题核心是顾客价值分析，我们在门店服务顾客时，多能感受到顾客的层级不同。有些顾客到店后，不需要店员花太多精力，就能迅速成交，而且是大单，交易利润也较高；而有些顾客即使我们提供最好的服务给他们，仍然只买最优惠的商品，而且还有很多抱怨等。我们对顾客根据其为公司带来收益的能力进行区分，分为4个层级，借鉴营销前辈们的“顾客金字塔”模型，笔者结合药品零售实情，将其升级为“顾客宝塔”模型，即钻石层顾客、玉石层顾客、卵石层顾客与顽石层顾客（见图3－1）。

顾客层级不同，对专业、商品、服务、便利、价格等的要求也不同。如果我们能针对不同层级的顾客采取不同的管理与应对策略，将有效提高

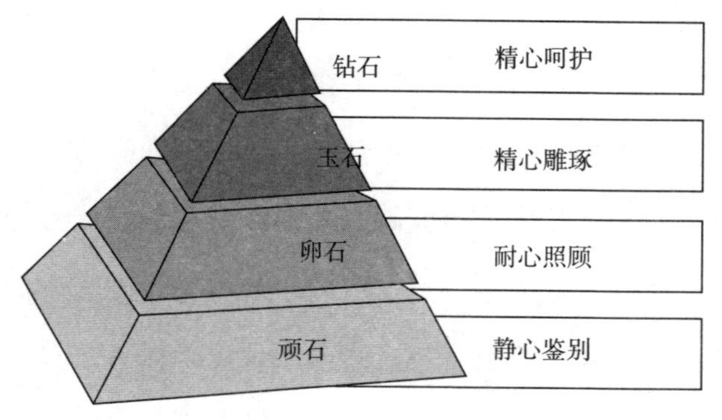

图 3-1　“顾客宝塔”模型图

门店的利润，改善工作效益。

不同层级顾客特点分析如下：

（1）钻石层顾客。这是 80/20 法则中的 20 顾客，也是企业最“喜欢”的顾客。他们消费金额高，利润贡献大，对价格不敏感，愿意尝试我们提供的新产品与新服务，对企业的忠诚度较高。比如，营养素、贵细中药材、个人护理用品、计生用品等的老顾客。

（2）玉石层顾客。与钻石层顾客相比，他们带来的利润相对较少，但是他们是频繁光顾或大量购买的顾客。不过，这类顾客常要求更多的优惠，忠诚度低于钻石层顾客。这类顾客常表现为慢病顾客或部分低利润商品的老顾客等。

（3）卵石层顾客。这类顾客是规模最大的顾客群，可以体现门店的“人气”，不过，因为忠诚度有限，带来消费量与利润均较低。多数流行疾病顾客，或者是季节性商品顾客多属于此类顾客。

（4）顽石层顾客。要求多而消费与利润贡献少是这一群体的特点，也可以说是常给我们带来麻烦的问题型顾客，这类顾客消耗了多数资源，说得简单一点，是从企业这里“挣钱”的顾客，企业为他们服务得不偿失。

常选择排队领免费赠品的顾客、购买惊爆价产品的顾客、享受社区活动中的各种免费服务却从不消费的顾客等多在这一范围。

“顾客宝塔”模型对我们的工作会起什么作用呢？如今，激烈竞争与商品同质化使得我们需要深度研究顾客才能保持优势，优秀的企业会通过顾客价值分析，为优质顾客提供更贴心的服务以维护好这一群体，防止顾客流失带来的利润下滑。也就是说，当我们聚焦于提高钻石层顾客的忠诚度时，也就意味着我们的工作效益会更高，顾客创造出的价值贡献也会明显高于同行水平，更不用说客单价了。

我们都可以看出，顾客层级越高，价值越大。如果我们能使“顾客宝塔”中有潜力的顾客不断向高层级“涌动”，则顾客的价值将得到优化，并会转换成企业财富。针对不同层级的顾客，我们该采取何种策略来进行应对，以保证门店高盈利状态呢？

（1）精心呵护“钻石”。钻石层顾客更在意商品质量与服务，因此，要研究他们评价商品与服务的标准是什么，及时关注他们的需求变化，提供完善的配套服务和一站式购物平台。比如，多元化的经营策略，如一些连锁药店提供的体检中心、健康会所、联盟优惠等。

另外，可以针对钻石层顾客提供个性化的情感服务，征询他们的意见，包括对企业、品牌与产品等的意见，赠送企业有特别意义的礼品与杂志，生日问候，组织联谊会与旅游活动等。这些行为能在更大程度上强化顾客的忠诚度，企业在他们身上的付出将会有更多的回报。

对于一线的药店同仁来说，在面对钻石层顾客时需要更高的标准，比如，更快捷的绿色通道、更专业权威的健康建议、更灵活的价格优惠权等。

（2）细心雕琢“玉石”。玉石层顾客会有多家药店的会员卡，会同时关注他们的活动，包括自己感兴趣的相关产品与品牌活动。要想让这一部分顾客升级为自己店的钻石层顾客，需要提供更全面的健康服务。除了基础的免费测量项目、健康手册发放，还要提供更多的讲座教育。同时可以通过 SAP 系统对顾客数据进行分析，研究购买商品之间的联系，了解其需求，挖掘潜力，并为顾客的特殊偏好量身定制产品与服务。同时，有市场的需求应转变成扩大产品线的采购行为。

（3）耐心照顾“卵石”。应对卵石层顾客的策略是维持这一层级顾客规模，提供一般服务，尽可能将其转变为玉石层顾客。

卵石层顾客并不太清楚哪家药店更适合自己，哪儿便宜去哪，货比三家是他们常有的购买行为，但是因此付出的非货币成本较大。因此，药店可以提供更多信息给他们，减少他们的交易成本，提高到本店的购买频率，也可以通过调整商品价格，刺激这一部分顾客升级为玉石层顾客。

（4）静心鉴别“顽石”。在顽石层顾客中，虽有一些顾客有较多异议，但是他们也有潜力，只要合理接待，将有可能转化为卵石层顾客。须知，顽石也有含金量，说不定里面就是玉石。所以，要静下心来看待他们，必要的时候，也可以通过调整品类结构、提高价格、加收费用等方式来放弃一些顽石层顾客。但始终应坚持友好对待、尊重顾客的原则，以免引发纠纷等。

对于一线人员来说，对待这一层级的顾客也不可显示出无所谓的态度，否则将带来负面口碑。

对于多数门店来说，我们都有时间去分析顾客的层级，如果从不去思考这一问题，只顾埋头苦干，很可能会是“傻把式”。唯有聪明地选择，有针对性地实施，精准化地营销，才能使我们脱离“平价搬运工”的苦海，进入高盈利的蝶变时期。

2. 提高顾客占有率

碧莎是L药店的店员，一天，一位慢病老顾客买完单后和碧莎聊了起来，说："我去过很多药店，其实，我要买的药也就'老三样'，到哪儿买价钱与路程也都差不多。但是总觉得你们药店比别人家多一些服务，会跟我讲健康的知识，还推荐了保健品，吃了也确实有点用。还有一次，我要买一种药，跑了好几家药店都没有，到了你们这，说登记一下，当天给我回了电话让第三天来取，结果就买到了，所以，感觉还是你们药店好一些。"碧莎听了会心一笑。

可以想见，这位老顾客以后仍会经常光顾，只是因为她认为"感觉好一点"。这位顾客的这种价值感知使她产生了更强的忠诚度，也可以说，L药店对顾客的"黏性"更强，所以，在竞争中取胜了。

这种顾客服务的意义是什么呢？持续优化与细化我们的服务有何作用？这里我们需要了解一个概念，那就是顾客占有率。所谓顾客占有率，是指顾客预算花在本药店的比率，这个比率越高，生意做起来就越容易，效益也更好。

可是顾客凭什么在我们店里花费更多呢？

据AC尼尔森公司调查发现，国内超市的客单价仅为外资卖场的1/5～1/3，这里面的深层问题就是服务人员不擅长向顾客推荐更多的产品，而药品零售营销的重点也应从市场占有率转向关注现有顾客的占有率上来。当我们不断地开发新会员时，要想到我们是否服务好了现有的会员与顾客，也就是说，自己碗里的饭都吃不净，消化不了，就不要去看锅里的。

我们都知道，提升现有顾客消费金额的成本比开发一位新顾客要低很多，而这正是提高顾客占有率的价值。同时，当我们运营人员专心于提高现有顾客销售金额时，也正是在建立长久的顾客关系。

该如何深化与落实现有的服务，来提高顾客占有率，改善运营绩效呢？笔者给出如下建议：

（1）以“顾客生命周期”进行管理。来店购买的顾客按不同阶段可分为新顾客、稳定顾客、临别顾客与流失顾客，通过分析购买频次可以知道顾客处于那个阶段。对新顾客要通过深度关怀培育其忠诚度，对稳定顾客要全面分析其需求进行顾客升级，而对有流失倾向的临别顾客可以通过激活等方式来挽留，已流失顾客则要仔细分析顾客流失的深层原因，重新调整营销策略与商品结构，优化服务流程与细节。

顾客处于不同的生命周期，应采取不同的应对策略进行管理，否则将疲于开发新顾客。

（2）与顾客进行“黏性”互动。持续与顾客进行互动，能体现对顾客最大程度的尊重。事实上，优秀的企业就是不断向顾客学习的企业。当我们与顾客进行互动时，可以更深层了解顾客需求，让顾客更倾向于到我们店里来。也会因为与顾客有更多的交流而彼此更了解，减少后期的交易成本，提高服务的效率，也增加了顾客的转移成本。

“黏性”互动的具体形式有：与顾客在现场进行更多的交流、问询与意见收集，提供更多免费项目，开展专题健康讲座、消费者教育活动、联盟商城活动、顾客体验活动，微信号推送等。

（3）让 VIP 回归本义。泛滥的 VIP 卡使其失去了原本的意义，也使本属于“VIP”的顾客感受不到其真正的价值。门店可以针对 VIP 重新进行整理，向少数的 VIP 提供个性化的服务，制定专门的营销方案，而非大众促销，那么聚焦后顾客感受到的增值服务与意外收获会更多，其忠诚度与后期消费也会增加，员工的促销精力也会更旺盛。

具体的操作可以分阶段、分时间、分批次进行，则到店时 VIP 才真正是 VIP。

当我们用心钻研提高顾客占有率的方法时，会产生口碑效应，顾客会通过分享向我们推荐更多的新客。而在现有顾客的基础上，我们通过服务与营销的聚焦又切到了更大的蛋糕，在资源与精力有限的背景下，比“什么都想抓到”的思维来得更有效，也更现实。

3. 剖析会员数据

小肖是D连锁药店有限公司的会员管理专员，每天都分析很多数据。她发现门店对会员数据也很重视，但是很多门店，包括很多管理人员对会员数据的利用，仅限于在重大活动时通知顾客，其他只是了解，并不是太清楚。就是小肖自己，对很多会员数据也并不太清楚。

笔者在这里对会员数据进行简要分析，以抛砖引玉。会员数据包括很多内容，比如，会员消费占比、流失率、有效率、零消费、消费明细等，笔者就各会员数据一一解析如下：

（1）会员消费占比。会员消费金额与总销售额的比值，可以反映会员顾客在门店消费的多少，监测会员顾客忠诚度。通过会员消费占比的分析，可以间接了解顾客对企业服务的满意度，那些做得好的企业，其会员消费占比也相对较高。

（2）会员流失率。会员如果不满意门店的服务、商品等，则很容易选择到其他药店去，再加上现在药店之间的竞争也较激烈，流失率可以看出门店顾客流失的程度。如果门店顾客流失异常，则说明内部管理有问题，需要及时调整人员或商品等。

（3）会员有效率。一些药店在办卡时只是为了应付差事，对会员资料的填写敷衍了事，结果录入的资料有不少是错的，或者是无效的，这样，会员有效率就较低。也就是说，会员有效率是用来监控门店办卡流程是否规范的。当然，这一数据分析量不大，要监控好，其实也可以对会员资料进行管理，对录错的工作人员进行通报与处罚。

（4）会员零消费。不难理解，有些顾客办了会员卡之后再也没有消费过。原因有很多，可能是离开了当地，也可能是卡丢失了，还有可能是顾客对药店极不满意，不再来消费。当然，也有些顾客办卡只是一时冲动，后期觉得没有必要，所以不再来消费。这些顾客都处于沉睡状态，有必要通过一些刺激来激发他们的购物热情，比如，通过促销或者凭卡领取奖品等活动，吸引顾客到店来瞧一瞧。

（5）会员地址分类。每家药店辐射的商圈是有限的，会员资料中的地址有一定的集中度。如果某些小区的会员顾客已经很多，而附近另一小区却少有会员，则说明附近这一小区可以开发。有时候，某些小区里来的顾客开始增多，一定是有原因的，可以进行调查并拓展，这就是会员地址分类的好处，可以反映门店未来发展的方向。

（6）会员消费明细。每位顾客的病情不同、家庭成员不同，其消费的产品也各异，并且具有一定规律性。根据顾客的消费经历，可以判断出顾客的主要需求，并且据此对不同的顾客进行分类，做出更精准的营销策划，促销效果也会更好。

（7）会员平均消费客单价。这一数据能体现会员的消费能力，一般来说，也可以看出会员的经济层次。这对于日后的推荐具有较强的指导意义，也可以为培养 VIP 顾客提供依据。

（8）会员消费频率。会员到店消费频率越高，说明顾客忠诚度越高，从侧面也能说明顾客非常相信药店，有健康问题会将药店作为第一选择。另外，也说明顾客来店非常方便，可以说，这些会员是门店的常客。通过观察消费频率的变化，可以看出顾客消费倾向，消费频率迅速下降，说明顾客很可能会流失。如果门店做得好，可以主动询问一下顾客流失的原因，以便留住老顾客。

（9）会员消费毛利贡献。同样是会员，消费频次也可能相近，但是对门店的贡献却可能相差很大。对于那些消费毛利贡献大的顾客，门店应想办法给予更多的附加值服务，以便维持对门店贡献大的老顾客。有些顾客的消费毛利贡献很少，但是并不意味着可以不用管或者没有必要去关注他们，时间长了，门店也有机会将这些会员转变为贡献大的顾客。当然，通过监控会员毛利贡献，可以将门店的精力集中在那些为门店做出更大贡献的顾客身上。

（10）会员基本信息。会员的基本资料越齐全，对门店的精准营销越有利，同时也能为企业节省更多费用。比如，电子邮箱广告投递、在会员生日当天发祝福短信或者为会员举办生日聚会，提供亲情服务。根据顾客的年龄、性别等进行有针对性的促销，其效果也比撒网式的促销有效。当然，门店也应为顾客资料保密，因为当顾客填写个人信息时，已经与企业签订了一个心理契约，顾客是相信药店方的。

（11）非会员办卡率。以月来计算，不是会员的顾客通过员工沟通办了会员卡，这一人数占当月所有非会员的比值，就是非会员办卡率。非会员办卡率过低，说明门店员工在推荐会员卡时有问题或者不积极，应及时沟通，达成共识，提高办卡率。

作为门店管理人员，清楚这些数据才能更好地指导门店工作，这一能力也能反映企业实力的差别。可以说，未来药店的竞争将会是数据的竞争，尤其是会员数据的分析，领先的企业会利用这一分析来帮助门店实施精准营销。

4. 会员维护七步走

小新是S连锁药店有限公司N店的新店经理，他经常在店经理例会时听到领导说要做好会员维护工作，很多优秀店经理在做经验分享时，也说到做好会员维护工作对门店业绩有很大帮助。但是对小新而言，会员维护是一个很宽泛的概念，具体是什么说不清楚，那么，就让我们一起来了解一下什么是会员维护吧！

会员维护其实就是客户管理，门店通过整理分析会员资料，对会员分类，并且通过有效的行为加强与会员的关系，以强化会员黏性。也就是说，会员维护是为了更好地服务会员顾客。这在许多药店中都只有概念却较少有相关措施，即使有也有限，或者说即使做了也不知道做的是会员维护工作。其实会员维护工作有很多，具体包括以下几步。

第一步：保密管理。如果问在会员维护中最重要的是哪一步，笔者想说的是保密管理。笔者在门店一线工作时，向顾客推荐会员卡，经常有顾客说到怕办卡，因为怕自己的资料被泄密。而且，一些企业经常会发促销信息，顾客觉得很烦。这些问题药店企业一定不能漠视，因为这是顾客的真实感受，换作是笔者，也会特别在意。所以，任何情况下都不能将顾客的资料透露给第三方，特别是一些厂家，因为有些厂家会通过与门店建立良好关系，送一些赠品套取顾客资料，这对企业与顾客来说都不好。

第二步：生日祝福。在会员生日时给会员发温馨感人的生日祝福，对顾客来说是一种意外惊喜，目前几乎没有药店能做到这一点，只有一些大型百货商场才能做到。也可以为 VIP 会员举办生日聚会或者赠送旅游活动，这些行为对顾客来说是回馈，也是超值服务。

第三步：健康知识。笔者办过不少药店会员卡，但只有一家药店给笔者发过健康提示，当然这家药店是连锁药店，而且是全国百强连锁药店。单从这一点来说，企业负责人为顾客服务的意识并不像每天都在说得很重视，恰恰相反，很多企业负责人都极为重视业绩，却对服务“淡然处之”。这样很容易导致后期不得不通过高频次的促销来拉动营业额，是一种不太理性的做法。而只有做好药学服务，才能有更多顾客，从而实现稳定持续的业绩提升。这一点，笔者深信不疑!

第四步：发送促销信息。这是大多数药店都在做的，也是会员维护的一项常规内容。笔者要提醒一下，不论是什么样的促销内容，都要控制一下。会员如果三天两头收到促销信息，一会嫌烦，二会觉得无所谓；企业发短信也需要不少费用，所以促销短信的投放要慎重。不少营运负责人业绩压力一大，怕完成不了就考虑促销，拼命发促销短信。这种做法显得很没有自信，也没有真正理解药店的工作实质。药店承载着救死扶伤的职责，不是 100% 的生意场。当然，时下新媒体的发展延伸出更多营销平台，药店企业应充分利用这些平台。

第五步：会员数据协助门店。会员数据能为顾客管理提供支持，比如，后台分析出会员消费占比、流失率、毛利贡献等数据，能让门店清楚会员动向，对会员进行有效管理。区域与门店经理应该理解常用的会员数据，并且利用它来辅助管理顾客与提升业绩。

第六步：处理顾客异议。每位顾客购买产品后都希望产品安全有效，而药品出现不良反应也是避免不了的。除此之外，还有很多顾客抱怨甚至是投诉，这些都需要门店与后台管理人员共同面对，积极处理顾客的异议，而不是不理睬或者一味回避。处理不好顾客异议，等同于丢失了很多顾客，处理好了，则会赢得更多顾客。所以，会员维护中，比较麻烦的但十分重要的就是处理顾客异议。

第七步：会员积分管理。会员积分管理几乎是每一家药店都要做的，笔者想说的是，市场部管理人员也应站在顾客与门店工作人员的角度来考虑积分兑换等。这样，在策划相关活动时能得到更多门店人员与顾客的认同。会员积分兑换与换购也是一把双刃剑，处理不好会伤了自己。

5. 让顾客觉得自己“很重要”

案例一：

安大是R药店的店员，在去上班的路上，安大看到很多跟自己店差不多的药店。药店都有会员日、都有免费服务、都有促销，药品与价格也相似，顾客选择哪家药店还有区别吗？想在同质竞争中取胜，要靠什么呢？

案例二：

伍灵是Y药店的店员，她觉得公司的规矩太多了！什么商务礼仪、标准话术、卖场五大用语、温馨提示等，卖药就是卖药的，还来那么多“花招”干吗？有什么用？都是形式主义！

两个案例有何联系呢？先来看安大的“同质化”困惑，安大的感受想必大家也深有体会。若要解决安大的难题，须从差异化经营入手。其中，产品的差异化是药店人员都绞尽脑汁去做的，比如，做独有的PB战略或者开拓新的领域等。然而，在笔者看来，从竞争价值分析，差异化的服务更能保持长久的竞争优势。因为产品总是很快就会被复制，但是门店的服务能力，即使别人也知道该怎么做，却不一定能做好。

正如案例二所反映的，伍灵不接受那些“虚”的东西，觉得没有意义；约束与要求多了，觉得不自在。从心底里没有接受服务的内涵，自然也不会去做，这也是提供优质服务的难点，却又是服务差异化的重点。

说白了，简单引导，拿药取药，收钱找钱，这十二个字基本概括了多数药店人员的工作现状，但这真的太“小看”药学服务的功能与价值了。

药学服务的本质是什么呢？是对人的关心！是对疾病的本质有更清楚的认知！是对自己给顾客带来什么样的感受有自知之明！是对药品有比对朋友还熟悉的精确！这一切的目的是什么呢？是营造顾客“重要感”！

当“顾客就是上帝”只不过是口号而已时，我们需要重新认识如何营造顾客“重要感”。

（1）营造员工“重要感”。行业内的管理者虽有这种意识，却不明确。当企业把员工放在首位，员工才会把顾客放在首位，不信可以去看看那些极速发展、员工忠诚度较高的企业。

（2）导购流程中的“重要感”设计。礼仪、话术、基本用语等这些看似“装饰”的服务，其实却在营造“顾客是最重要的”氛围，干巴巴的交易有失“温度”。

（3）硬件设施中的“重要感”布置。为顾客在门口提供座椅的药店并不多，有这种意识的药店在差异化服务中就走在前面。在收银台，设置有顾客显示屏的POS机也体现了对顾客的尊重。类似的细节，用心去发现方能做得更周到。所以，管理人员要做的就是站在店周围，以旁观者的身份去看一下自己店需要做些什么改善。

（4）培训体系中的“服务意识”引导。服务是销售的基础，在培训中应引导员工有主动服务他人的意识，不是委曲求全，而是发自内心对顾客意义的认同，发自内心对顾客的喜爱。

（5）管理架构中的“顾客第一”思路。药店以运营为中心，却在运营过程中遗失了“顾客第一”这一指南针。站在总部的大办公区，听一听工作人员接待顾客或员工的来电，或看一看处理顾客投诉时职能人员是怎样做的，也许可以明白为什么顾客总是那么轻易地离我们而去。

我们的管理会议中，有多少次是以“顾客第一”来进行流程设计与工作安排的？这值得同行们反思。

记得一位连锁药店的老总说过：“很多人只看到困难，但是我看到了无数的机会！”是的，对自己更挑剔一些，就会发现更多的可改善点。而那正是增长机会点，也是在同质化泥淖中以轻盈的身姿脱颖而出的法宝。那就是营造顾客“重要感”，提供贴心的差异化服务。

6. 用药安全是根本

兰兰是G药店的店员，导购时对顾客非常细心。因为她深感药品特殊，一定要将药品相关信息清楚地告诉顾客。但是芳芳却觉得兰兰多此一举，顾客进店买了药，也不多说什么，觉得没有必要。芳芳说："顾客难道自己不会看吗?"

要回答这个问题，笔者先讲两个案例给大家听。

一次，顾客王女士到L药店问有没有PP粉，店员小李知道PP粉就是高锰酸钾片，拿给了顾客，也没有多说什么。她觉得既然是顾客自己主动来要的，应该知道怎么用。

结果顾客第二天来店里面闹，原来，王女士买了高锰酸钾片回去后，也没看说明书，直接用创可贴将高锰酸钾片贴在自己要消毒的皮肤上。期间出现了疼痛，但是王女士也没撕开来看一下，后来，症状很明显，王女士打开来看时已出现了局部软组织坏死。为此，王女士觉得是药店方没有将使用情况告知到位导致的。当然，王女士本人是有责任的，但是事情弄到了这一步就很麻烦，为此王女士与药店争吵了很久，还请来了媒体曝光，让药店很是纠结。倘若小李在销售时多说一句，告知王女士使用时要放在水中稀释，具体操作可看说明书，也许就完全可以避免这个事件发生了。

再来说另外一个案例，顾客刘女士到T药店买硝酸咪康唑软胶囊（外用），店员小张每天都会遇到这类点名要产品的顾客，所以，根本就没有与刘女士进行交流，直接拿了药给刘女士。刘女士第二天回到店里面找小张，要小张赔医药费，小张还没弄明白是怎么回事。原来，刘女士买药回去后，直接口服了，因为她觉得既然是胶囊，肯定是口服的，但是药盒上有清楚的“外”标识，而且说明书上也写得很清楚。不过，事情已经发生，后悔也已来不及了，倘若小张能在销售时说一句：“这个是外用药哦!”哪怕就这么一句简单的提醒，也可以避免许多不必要的麻烦，也减少顾客的烦恼。

类似的案例还有不少，这些案例都在警示所有的药品销售人员，要多与顾客进行充分的交流。这种交流，并不只是为了提高营业额，更是为了顾客好。笔者总结出用药安全包括以下几方面：

（1）用法用量。其中包括中药、西药等产品，中药又有大蜜丸、小蜜丸、滴丸、糖浆、口服液等剂型，有些需要煎煮的中药还要告诉顾客正确的煎煮方法。

同时需要知道药物是在餐前、餐中、餐后还是清晨服用，正确服用才能达到预期效果，避免风险事件。

（2）搭配。合理的搭配才能增强药物疗效，减少副作用。

（3）注意事项。在提供用药指导时，要根据药品说明书上的注意事项给顾客提醒与建议。

（4）特殊人群。对于老人、幼儿、孕期与哺乳期妇女，慢病患者和长期服用多种药物的顾客，在给他们提供产品时，需要花更长的时间进行交流，以减少顾客用药“负担”。

可以说，用药安全是营销的根本，也是关联销售的基础。当药店人员总在为顾客着想时，无形之中也会给药店带来良好口碑与更多的客源。

7. 用药方便客依从

小凝是G连锁药店有限公司M店的店员，她参加了营养素知识培训，对营养素销售很有信心。但是每次推荐深海鱼油等产品时，顾客都会提出一个问题，说这胶囊太大了，吞不下去，小凝一时也回答不上来解决方法，有些顾客就不买了。小凝在想：这是怎么回事？产品对顾客是有好处的，怎么因为胶囊大了一点顾客就不要了呢？

小凝的这个疑问涉及的是依从性问题，不仅保健品如此，药品也是如此。有的产品虽然很好，但是服用不方便，或者是不方便携带，顾客就不会要。那么在依从性方面，有哪些顾客是重点关注的对象呢？

（1）老年人。老年人很怕吞大的胶囊，咽不下去，所以，在推荐产品给老年顾客时，就要考虑到他们的需求。比如，深海鱼油就应选择胶囊小一点的产品，或者给顾客多几种选择，这样顾客就会从中选择适合自己的，不会因为胶囊太大而不要了。

另外，生产厂家也应注意到这个问题。如果生产的产品目标人群是老年顾客，那么应考虑将胶囊做得小一点，这样顾客更易接受，并会成为忠实顾客。

笔者年近八旬的老师最近在与笔者交流中，说再也不想吃药了，真的吃怕了。也许笔者老师的这番话，说出了顾客的心里话。而当顾客不得不吃药时，身为医药人员，有责任也有义务提高用药的依从性。

（2）儿童。一些药物都有苦味，儿童不喜欢，所以很多适合儿童的产品都带有甜味，这也是考虑到儿童的依从性。此外，适合儿童的剂型一般是颗粒剂、散剂、糖浆或者是咀嚼片、滴剂等，包括有些产品特意设计成卡通形状以讨得儿童欢心，这也可以说是一种营销策略吧！

但是在儿科药中，有些药的效果很好，口感却不好，因此儿童不愿意接受，这也会影响销售。

（3）特殊人群。比如，经常出差的人，他们一般都喜欢轻便的东西。如果生病了买药，一是考虑到有效，二是考虑到路上方便携带与服用，所以适合他们的也往往是小包装的药品。另外，从剂型来看，缓释胶囊、片剂等比较适合他们。

此外，只有产品的依从性较好时，顾客才能坚持服用，特别是营养素这类产品。实际上，不少顾客买了营养素放在家里不吃，除了顾客的习惯使然外，还有一个很重要的原因就是依从性问题。

提高顾客使用产品的依从性，其实也是在增加回头客。试想一下，我们卖出去那么多产品，按常理，应该会有不少的回头客，特别是营养素类的产品、有疗程用药的产品、需要长期服用的产品等。可现实是，回头客并不如想象中那么多。很多顾客不再服用产品，很可能是因为觉得麻烦，不知道坚持服用的真正意义等。因此，在与顾客交流时，对于一些需要长期服用的产品需要向顾客解释清楚，说明意义。同时，在选择剂型时，也要考虑到顾客是否能坚持服用下去，如此才是既帮助了顾客，又做好了生意。

话说回来，小凝在导购时，除了要用到专业知识，还需要注意到顾客用药是否方便。顾客购买一件产品，往往会考虑到多种因素，只有产品满足了多种因素需求，顾客才会乐于选择并使用。

8. 用药有效客回头

笔者在C药店当药师时，有很多自己的老顾客。有人会觉得很奇怪，为什么那些顾客就只认我呢？其实原因很简单，就是因为信任。为什么顾客会相信笔者呢？

这里便引出了一个顾客黏性的话题，事实上，很多药店人员都会有自己的老顾客。虽然有很多因素会使顾客与我们建立"信任"关系，但是有一点是最根本的，那就是在平时导购时，提供适合顾客的药物。顾客用后确实有效，就会相信你，并且成为回头客。

在这里，分享两个真实的案例。

一次，C店附近的陈师傅牙疼来买药，让笔者给拿点药。笔者问询后觉得陈师傅可以服用消炎药和布洛芬片，并且告诉了陈师傅服用方法和注意事项等，另外提醒了陈师傅服药后大概四十分钟左右会起效。笔者也就是习惯性一说，没有太在意。

第二天，陈师傅到店里来特地拍拍笔者的肩膀说："药师，你真厉害！昨天我回去，吃完药就在那里等，果真等到四十分钟左右就不怎么疼了，你真是神医！"可以想见，以后陈师傅要买药肯定还是会找笔者的，但笔者只不过是用了一点点药代动力学知识而已。

另一个案例是这样的，方女士喉咙疼，到医院里，医生给她做了一堆检查，也没有查出来什么，开药吃了也不见效，于是到C店来找笔者。笔者给方女士拿了常用的消炎药与中药含片，并嘱咐她要注意休息，不能吃辛辣等刺激性食物。

隔了两天，方女士也特地到店里面来找笔者，向笔者表示感谢，说推荐的两种药非常有用，用了后效果很好！今天特地到店里面来，就是为向笔者说声谢谢！并且要再买点东西，随便笔者推荐什么她都买。可见，方女士对笔者已非常信任了。当然，笔者不能那么做，不过，这位顾客最后自己选购了一些产品。

两个很平常的案例，但是从中却可以看出：以专业知识为基础提供适合顾客的药品，有效地解决顾客问题后，顾客会心怀感激之情。而后，他们要买药自然会再到店里面来，所以说，用心服务好顾客就是最好的营销术。

在导购时，如何确保顾客用药有效呢？

（1）专业搭配。合理的关联是以专业知识为基准的，所以，药店人员的专业知识一定要过硬。

（2）纠正顾客不良习惯。顾客买止咳化痰药，问我们有没有用，可是顾客喜欢抽烟，那我们首先就应告知顾客少抽烟，最起码服药这几天要少抽或不抽。不管顾客做不做得到，我们都要尽到劝导的义务。

在笔者看来，纠正顾客不良生活习惯在指导用药中起着非常重要的作用，并不亚于药物本身的效果。

（3）管理顾客期望值。国药准字号的药物都是经过国家批准的，做过临床试验，但是在用药过程中，还是会有个体差异。我们只能说，一般情况下，药物使用会产生预期效果，但是并不是说每一位顾客用了都一定会有用。所以，在引导时，也需要界定清楚自己的说辞。

用药有效性是顾客关心的话题，也是在关联时经常会遇到的异议，关联销售本身就是为了帮助顾客更快地恢复健康。而这样做的时候，既要顾客本人配合，又要理性引导顾客，这样，关联销售才会更顺利！

9. 分流结单，尊享绿色通道

亚同是L药店的店员，L药店位于一家大型超市一楼的商业街。一天，亚同好不容易说服了一位阿姨买三桶蛋白质粉，到收银台时，有两位顾客在等结账，亚同请阿姨稍等一会。阿姨就说自己先到楼上超市去一下，待会再来拿。可是阿姨去了之后就没有回来。亚同心生悔意，要是刚才先让阿姨买单，就不会白忙活了。要知道，刚才那两位顾客的购买金额加起来还抵不上三桶蛋白质粉价格的1/5呀，唉！

因结账等待引起顾客放弃购买的事情时有发生，特别是大单丢掉时，更令导购的小伙伴们心痛。从管理的角度看，可不可以采取一些措施来规避此类问题呢？

首先得理清一个问题，那就是排队现象一般发生在什么时候，什么店型。

往往大型旗舰店与连锁的中心门店，因营业面积大、品种丰富、客流多等原因较易出现这种情况，小型门店一般出现得较少。那我们先以中心门店为例来思考如何解决这一问题，然后再来看，当小型门店遇到大单顾客要排队，且只有一个收银台时怎么办。

先设想一下，一位A咖啡店的顾客，他支付高单价比如100元一杯的高档次咖啡，如果他要与普通的支付20元的顾客站在一起排队，他是否会感到满意？相信如果大家自己是这位顾客，也不太满意。笔者提出了分流结单的建议。

大型门店如果有三个以上的收银台，就要对一些特别的顾客开通绿色通道。当然，为了避免普通顾客理解偏差，或者走错道，可冠以“VIP通道”标识。哪些顾客应走绿色通道呢？

（1）大单顾客。这是设置“VIP通道”的核心原因。门店因地区不同可以有不同的大单定义，比如，200元以上的或500元以上的。金额可以由导购人员初步估算，然后引导至“VIP通道”。

另外，经常光顾的大单顾客有时到店里来可能也只买少量的产品，此时也应让其享受绿色通道，令顾客感受到自己的“VIP”身份。从系统的角度看，可以制作真正的VIP卡或者金卡给这些顾客，如此一来，顾客自会知道前往VIP通道结账。

（2）紧急顾客。有时，一些顾客难免有急事，如果让他们等，很可能就做不成生意了。笔者记得有一次，一位顾客买消炎药，拿到收银台，当时有三四位顾客在排队。她走到前面说有急事可否先结账，为了不引起后面顾客的抱怨，笔者说请稍等一下，顾客听后将药扔在收银台走了。尽管笔者补充了一句：“您有零钱的话，先给您结！”顾客还是头也不回。所以，遇到一些有急事的顾客，也可以引导至VIP通道，既避免其他通道普通排队顾客有意见，又解其燃眉之急。

（3）特殊顾客。在门店也时常会遇到孕妇、聋哑人与一些其他残疾顾客，还有年龄在80岁以上的老人等，这些顾客因其情况特殊，也需要特别的关照，而绿色通道对其有着实际的帮助。

这是中心门店与大一些的门店有多条收银线时可以用到的方法。那么，只有一个收银台的门店应如何去化解这一难题，保住“亚同”的单呢？

此时导购人员的引导非常关键，有些同事会说："这位顾客有急事，让他先买单吧！"但是这样说，其他顾客也会想：我也有急事，我也要先结！对于每一位排队中的顾客来说，他们都有急事。我们可以用这样一些话来帮助特殊顾客先结账："刚才这位顾客已经来过了，先帮他结一下吧！""这位顾客还要买这些药，帮他打在一起吧！"这里也需要同事们的默契，当然，也可以用其他的方法。

目前，大一点的门店的收银台一般只设医保与非医保通道，但是这种分类并没有将顾客进行细分。如果想要提升顾客消费体验水平，特别是锁定那些对门店有价值的20%的顾客，分流结单，开通"VIP"通道显得必要且迫切。

第四章

Chapter 4

关联成交这样做

1. 专业化关联价值分析

亚蝶是W药店的店员，领导天天说要多做关联销售，可是亚蝶认为这与自己关系不大，不就是可以多拿点提成吗？多几百元与少几百元，亚蝶似乎不太在意。在亚蝶看来，那些精于做关联销售的同事都奔着“个人利益”而去。事实真的如此吗？

亚蝶提出了一个关于关联销售价值的问题，是的，似乎在业内，一些同仁有一种偏见，认为关联销售就是为了提升业绩，就是为了增加个人收入。看起来这个说法无懈可击，诚然，关联销售会带来这种结果，但是，仅这样想，就误解了关联销售的真正意义。

笔者记得刚到药店不久，遇到过一位顾客说自己喉咙痛，问询后考虑是急性咽炎，笔者拿了一中一西两种药品给他。笔者说最好再带些含片，顾客这时问了一句“为什么”，笔者回答：“一般来说，口服药吸收后经血液循环发挥作用，而含片在局部化开后可以马上起作用，缓解您的咽痛。”顾客听后说：“好的，你说得有道理，听你的！”结账时，笔者交代了一些饮食等注意事项，顾客致谢而去。在这样的搭配下，顾客用药后效果较理想。

笔者在做这笔导购之前，并没有接受过任何关联销售的知识培训，只是凭借自己的医学知识与顾客交流，但是整个销售过程却是完整的关联模板。这说明关联销售也基于临床医学的治疗原则，只是以“关联销售”表达显得更直观更易于理解。

也就是说，关联销售的本意是为顾客解决问题。其中，药品与药品、药品与非药品之间的搭配都是为了帮助顾客减轻痛苦、好得更快，减少疾病对顾客工作与生活的负面影响。同时，也可达到治疗更彻底、防止复发、提高生命质量等目的。这些可以说是关联销售的顾客价值，也是关联销售最根本的价值。除此之外，关联销售还有如下价值：

（1）店员价值。要做好关联销售，对店员的专业要求更高，而且需要通过不断的学习与训练才能成为销售习惯。当然，这样做，店员的个人收入与自我价值都会得到提升。关联销售做得越专业，员工的老顾客越多，个人在药店工作的成就感也就越强。而且这种能力，也是员工走向更高职业发展平台的基础。

（2）店长价值。店长承担着门店业绩的责任，但是靠个人的努力是完不成的，团队整体的关联能力强弱直接决定了门店业绩的好坏。也就是说，关联销售从根本上决定了门店的整体业绩，也决定了门店的生存与发展。所以，关联销售也成为改善门店业绩最常用的方法之一。

对于店长来说，带店能力主要体现在其专业指导能力上。也就是说，店长将自己的关联销售能力复制给店员的能力强弱，可以在一定程度上评价店长的强弱。这种能力，也是店长职业生涯发展的基石。

（3）企业价值。对于企业来说，专业化关联就是核心竞争力。药店专业关联做得好，效益才会持续改善，也意味着药店将会长远发展。因为关联销售是挖掘顾客的价值，而不是以价格战来抢“对门”的生意。

“骨感”的事实说明，如果一家企业没有专业化关联与推广，就只能陷入残酷的价格战！

管理时，需要将关联销售的价值向员工说清楚，如此，员工才能真正用心做好关联销售工作。专业化的关联销售不仅是让员工在专业知识上考更高的分，还要将懂得的专业知识转化为生产力，转化为顾客听得懂的话。顾客并不懂医药，但要让他们听得明白，这就是专业化关联的实战境界。

2. 专业化关联现状分析

近日，笔者在巡店中遇到一个极有意思的场景。笔者与H连锁药店的部门经理一起巡店，门店的员工并不认识笔者，巡到G店时，一位中年人进来买止咳药，店员只问了一句："有痰吗?"顾客说："有的。"店员便拿了一种药给顾客，顾客并不是很认可，自己找了一种药，说："这个呢?"店员说也可以，然后顾客站在那里，相互之间没有任何话。过了一会，顾客说："有配合一起吃的药吗?"并且说出了一起吃的药名，这时店员才按照顾客的话去拿药。到收银台结账时，笔者实在是看不过去了，问了声："要带点含片吗?"顾客说家里还有。顾客走后，这位店员问："你是不是哪个含片厂家的?"

在这位同事看来，主动推荐是厂家业务员才会有的行为。此情此景，也许在许多领导看来是不会出现的。但是想想看，中国的药品零售行业已经正规化好些年了，可是，43万家药店中，能做到标准的专业关联销售的企业与药店人员却并不多。所以说，行业增长乏力，我们应该做的也许还是反思我们日复一日的导购行为，因为这才是零售的灵魂。

我们就上面这个案例来做一个剖析。顾客进店时，业务员问询得过于简单，根本就没有弄清楚顾客是什么性状的痰就拿药，这种行为显得很不专业，也不负责任。在介绍时，也只是拿一种药给顾客，没有对药品做详细的讲解，怎能取得顾客的信任呢？顾客在考虑时，也没有做进一步的探询，了解顾客的疑虑，而后面的搭配还是顾客主动要的。身为药店人员，最基础的联合用药原则都不太清楚，当顾客去收银台时，也没有交流，没有饮食建议与温馨提示，只有收钱。笔者的追加询问也只是临门一脚而已，但是在这样的一个导购流程后去补充，已经显得无力回天了。

在药品零售领域，风光而乏力的销售曲线下，还存在太多的盲点，依靠促销来拉升似乎成了一些经营者的救命稻草。然而促销充其量也只是锦上添花之举，若成为门店经理与员工都依赖的“完成指标撒手锏”，那就太可悲了！而在众多的盲点中，导购专业化与销售技能的缺失居首位。

通过对关联销售价值与定义的分析，剖析关联过程中的望、闻、问、切，学习疾病专业知识，提供专业化关联模板，根据不同年龄、不同特征对顾客类型进行分析，精准判断顾客需求，就能实现每一单的价值最大化。这种价值包括顾客本人可以收获的价值，而不是仅仅以员工或企业的价值来衡量。

关联销售是一个流程化的标准行为，指导这种行为的是对顾客选择的尊重，但是要提供“选择项”给顾客。而运营体系通过传、帮、带来复制这种流程，则完全可以将关联销售变成每一位药店人员的习惯，这种习惯，不是功利的强迫推荐，也不是认为自己要“善良一些”而不去推荐。关联销售，锁定的终极目标是顾客走出药店后问题是否得到解决，用药后是否真的很快恢复。如果回答是正向的，顾客不会因为多花了十元钱而觉得不满意。相反，我们拿最便宜的药给顾客，但是并没有真正全面地解决顾客问题，顾客病情持续或反复，或者只是看上去好了，但是没多久又复发了等，这些“低价值的导购”才真正会害了顾客。

当药店人员追寻关联销售的灵魂是什么时，我们会有怎样的答案呢？

关联销售，因区域不同、连锁不同、员工年限不同、专业水准不同等而“千姿百态”，需要用标准来规范行为，这既可以规避不当关联，又能使顾客满意与业绩提升；同时，还需要具备积极心态，勇于接受因主动问询带来的顾客异议的挑战，这才是目前所有药店人员应共同努力的方向。

3. 系统化推广才是硬道理

喜生是P药店的店长，每次开会都会听到领导说要做关联销售，生意才会更好！喜生觉得话是没错，但是关联销售真的只是门店一线员工的事吗？门店优秀的同事每天在店里兢兢业业做关联，可是也需要大家一起来整体配合才行呀！喜生说的虽有些气话的成分，但是却道中了销售的本质，那就是关联销售的确不只是一线人员的事，而是一个系统化的推广工作。如果药店人员只是一门心思着力于提升员工的关联销售能力，那也只是发挥关联销售的1/N威力而已。

为什么这样说呢？原因有三：

（1）销售只是一种行为。关联销售局限于员工的推荐行为，员工的专业技能不同，销售结果就会有很大差异。这也说明了现在的导购现状，那就是有些同事关联能力非常强，而有些同事则非常弱。这种关联更多取决于员工的个人表现，而没有体现出企业的整体运作价值，也没有发挥出关联思维的真正优势，可复制性也弱。

（2）关联的运营误区。长时间以来，对关联的操作最全面健康的解决方案就是培训，强化员工的关联销售意识。问题是，这种“培训+强化”的模式仍是把焦点与压力集中在员工身上，这无疑忽视了企业运营管理的价值，而且不能很好量化。

（3）关联的片面思路。在不少药店同仁看来，关联成功了才是好的。其实，关联销售真的是以本次交易结果来看成败吗？如果真的处于这种思维中，那员工就会很少去说更多的温馨提示，也很难以“顾问式的销售”站在顾客的角度去思考问题。关联，核心不在于本次交易成功与否，而是在于顾客满意与否。

为此，笔者在这里提出关联销售的“系统化推广“策略，以期矫正对关联销售的偏离。

（1）关联是从管理层到员工的全员推广。当我们针对员工常见病进行专业解决方案和全面的关联策略培训时，自己心里面认同吗？以减肥来举例，如果我们自己胖，自己在喝减肥茶的同时吃奥利司他吗？坚持运动，每天量化到多少时间了吗？

再以奥利司他来举例，有一次，一位同行的管理者在门店向在收银台问询减肥产品的中年女士推荐奥利司他，直接一句话就说：这件产品是排油的，效果很好！好到一些男士都要用卫生巾才行。结果那女士直接说了一句话：“算了吧，还是不要了，那太恐怖了！”其实，这位管理者说错了吗？没有！但是那些话适合培训时说给员工听，却不适合直接说给顾客听！

笔者想说的是，关联销售是一个由己及人的过程，也是言传身教的过程，更是需要我们用“我自己会那样做吗”来衡量员工与顾客感受的过程。只有自己打心里接受，自然去做的，才是最容易落地的技术，这点在进行关联推广的专业搭配培训与方案设计时尤为重要。

（2）从“望闻问切”到专业解决方案。这里的“望闻问切”比最后提供给顾客专业解决方案更重要，员工的过程监控比最后的结果更有价值。在这一点上，与传统的业务销售观念不同。传统的业务销售是只看结果，不看过程，但是对于一线导购来说，“望闻问切”越到位，专业解决方案就越能有效帮助顾客，结果自然就会很好。而如果没有“望闻问切”，强行推荐，或直接拿药则很难使顾客满意。

（3）从店内到店外顾客教育。在店内我们主要通过提供药学指导给顾客进行消费者教育，但是这种行为的影响范围有限，个人精力也有限。从店内走出去，走向社区，实施消费者教育、慢病教育、社区推广会，必要的时候也可以在店内进行人数不多的宣讲，告知顾客“搭配”的价值、中药饮片的价值、非药品的价值、医疗器械监测的意义等。特别是对那些员工在专业上有优势的药店来说，更是如此，持之以恒，来客数自会上升。

（4）从商品组合到关联陈列。商品部通过数据库进行分析，把常在一起销售的产品抽出来，看是员工主动导购所致，还是顾客自然购买的习惯，对这类商品实行“顺推组合”。同时，也可以从专业搭配角度实行“专业建议组合”，并通过促销方式来助推。而在运营管理时，从空间管理的角度对中类产品实施关联陈列，并在陈列时，对小类商品通过主动陈列关联来引导购买，扩大动销。

（5）从POP到厂商合作。关联的系统化推广包括门店的整体氛围布置、POP对应宣传。而在操作时，也需要针对关联的品种邀请厂商，由厂商提供物料到配以货架营销工具、活动支持人员，发动厂家的力量来做关联销售，才能在更大程度上发挥出关联销售的营销价值。

（6）从PDCA到系统优化。从培训到落地、跟进追踪、反馈优化、再培训再落地，全面监控关联销售从商品到业绩的过程，以P（计划）—D（执行）—C（检查）—A（纠偏）的模式不断升级，则可持续优化关联的系统化推广过程。

关联销售，只有趋向于多次的重复购买运作，趋向于提供更多的顾客附加值服务，趋向于“非即时盈利“，趋向于方便员工、方便顾客、方便管理，趋向于全员上下一心协作，趋向于工商合作，趋向于“整合”，其价值才能发挥得淋漓尽致!

4. 联合推荐比关联销售更牛

唐古是K药店的店员，在导购中，唐古的联合推荐法是很多药店同仁想都没有想过的，去尝试的人更少，但是却为K店带来了越来越多的回头客。唐古的联合推荐法是怎样做的呢？

一天，一位顾客进店买事后紧急避孕药（以下简称EC），唐古引导这位顾客到相应货架区后，问顾客是否知道EC类产品其实并不能保证100%避孕，顾客说以前并不知道这样的信息。同时唐古问这位顾客一年吃几次紧急避孕药，顾客说有好几次。这时唐古便告诉顾客，紧急避孕药，顾名思义是偶尔用的，服用紧急避孕药次数多了对身体会有不同程度的危害。同时建议她选择常规避孕方式，比如，坚持服用复方短效口服避孕药（以下简称COC），这样对自己也更好。结果，这位顾客不仅买了EC，而且买了COC，后来这位顾客成了K店COC的老顾客。

唐古将一个本来只是偶尔到店里面来买EC的顾客转换成了长期购买COC的顾客，实现了营业额与利润的净增长。

在唐古的案例中，我们看到，唐古并不是运用我们所熟知的关联销售。关联销售是针对顾客某一疾病的产品互补，而唐古的推荐，实现了品类的转移。也就是将一位购买EC的顾客转向了购买COC，将偶然、不规律的购买转向了规律性重复购买，而且还给顾客带来了利益，减少了副作用，降低了避孕失败的风险。这种在日常导购中，以医药专业知识指导顾客，实现顾客购买向更优品类的商品转移，达到更好治疗效果或减轻药物的毒副作用的销售行为，就是联合推荐。

关联销售与联合推荐有什么区别呢？（见图 4－1）

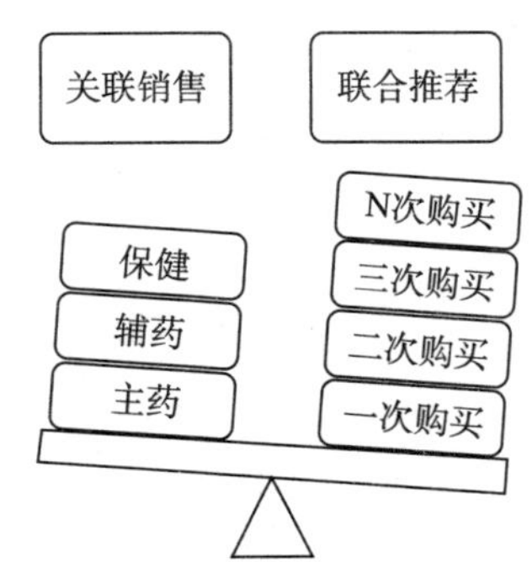

图 4－1　联合推荐与关联销售的区别图

从营销角度来分析，联合推荐实现了精准的定位，培育了顾客的重复购买行为，而关联销售则是提供健康解决方案，实现大众化的全面推广。

说得形象一点，联合推荐好比在合适的时间、合适的地方，一位有经验的园艺工人栽了一棵小树苗，只要后期注意照料，将来必然长成参天大树。而关联销售是在合适的时机播下了一粒种子，但是种子能否发芽、长大等还要看土壤、气候与环境。不少时候，关联销售一次，成功了，但是后期顾客却较少，就成了一粒一直没有发芽的种子。

具体来说，联合推荐有以下几个核心特征：

（1）不是单纯提升客单价。关联销售的初衷是提升客单价，并提供全面健康的解决方案，而联合推荐是提供一种更优的解决方案。举个例子，如果以关联销售的思维来引导，上面的案例中，我们就会习惯性地去拿天然 VC。那么，虽然这一次客单价提升了，但是顾客感受不到深层的价值，后期再重复到店的机会就相对较少。而如果顾客意识到了常规避孕对自己的好处，同时坚持服用 COC，则意义就长远多了。

（2）创造顾客价值。联合推荐是在平常的导购中发现顾客的潜在需求。正如上面的案例中，顾客也希望能更安全，且规避风险，唐古能识别这一点，并且能够通过有效的专业指导成功引荐。

（3）提高顾客黏性。有时，做关联销售会遇到一个难题，就是一些同事方法运用不当，顾客会反感。而在联合推荐时，指向是帮助顾客认识自己现在的问题，帮助他们意识到更深层的风险，也理解被推荐的产品的价值。这种推荐，在现场转变了顾客的观念，并且在后期的评价中会越来越好，顾客也会越来越忠诚。

（4）维护顾客关系。我们都知道西方营销中的“漏桶”原理，即不断开发新顾客，但是以前的顾客不再来了，这样就一直没有稳定的顾客，员工疲于开发新顾客。其实，我们通过一些方法维持住现有的顾客，使顾客产生更多的重复购买量，比一味开发新顾客更有作用。联合推荐就可以扮演好这个角色。

（5）实现顾客价值升级。每天来店的顾客，看起来多数都是小顾客，而联合推荐能将其中一些“小顾客”转变为相对重要的顾客，实现顾客价值的升级。

在门店导购具体的运用中，联合推荐也运用于产品向更高单价的商品升级。因为，对于消费者来说，价格更高，也意味着额外的益处会更多。但这不是根本原因，联合推荐更多的是实现品类的转移。比如，当顾客因痛经来购药时，可以探询其月经是否有规律、是否正常等，并进而转向推荐调理月经的中成药等品类上，而不只是单纯以止痛药来解决她这一次的痛经问题。联合推荐重点是让顾客发现我们店里还有更多更好的产品，并且是更适合他们的。

在门店导购时，还可以不断去挖掘更多的具体品种，而这样做的过程，对员工的专业要求也将更高！

5. 关联销售的秘诀

寿堂是K药店的店员，他个人导购的平均客单价在70多元，比同行要多出几十元。寿堂的导购有什么秘诀吗？在一次分享中，寿堂说："其实，也就是和大家一样，只是我在做关联销售时，会选择一下时机，时机选得对了，更容易成交！"

寿堂这里说到的关联销售时机是指什么呢？我们都知道，顾客在店的消费过程是一个从了解到决定买单的心理流程，在这个流程中，过早或过迟展示我们想关联的产品都会影响销售结果。过早了，显得有些着急，顾客会反感；过迟了，顾客又失去了兴趣。那么什么时候关联是最恰当的呢？

（1）导购中顾客接受了一种产品之后。导购中，通过与顾客交流，顾客接受了我们推荐的一种产品之后，应"趁热打铁"，迅速切换到适合顾客的第二种产品上。之间可以通过温馨提示内容来过渡，这样会显得更自然些。

之所以选择在这个时候进行关联，是因为顾客已经与我们建立了基础信任关系（顾客接受了你的推荐），此时关联其他产品会较容易引起顾客兴趣。如果在顾客还没有接受任何产品之前就先关联其他产品，顾客的购买压力会加大，也能感受到你的"功利心"。当然，在顾客还没有接受任何产品时，必要的时候，可以向顾客灌输哪些类别的产品也可以同时搭着一起用的观念，但不必急于“出手”。

举一个例子，顾客因白带有异味来店，我们会引导顾客购买口服的药物。比如，让顾客先看一下妇炎康片。在顾客接受后我们才会继续说要配着外用栓剂与洗液一起用，当然也可以先说外用产品，接受之后再说口服药物。

当然，推荐个人护理用品与营养素时可以直接以组合方式进行推荐，因为个护与健康产品很容易被理解，顾客也多具备常识，这与药品的导购是不同的。

（2）去收银台过程中。一般来说，以销售为主导的专业人员会陪同顾客一起去收银台，因为在去收银台的过程中可以与顾客交流，还可以引导顾客前往自己想关联的产品区域。这个走动的过程时间虽然不长，却有着很多变数，聊得到位，也是关联成功的好时机。

（3）顾客在收银台等待时。顾客在收银台排队时会有些烦躁，此时主动发问，与顾客聊天，或者说“请稍等一会”，并进而引导出其他话题，既能避免顾客的无聊，又能将话题引至收银台相关产品上。所以，在收银台，可别让顾客闲着。

（4）多人来店。以笔者的导购经历而言，当顾客与家人或朋友一起来店时，也意味着有更多的机会。不能仅将目光放在提出购买需求的那一位顾客上，在交流中可以向其朋友推荐一下季节性产品，或者根据判断推荐可能会引起他们兴趣的产品。

笔者记得有一次，几位学生模样的顾客来店，其中一位要买感冒药，在收银台付钱时，其同伴对龟苓膏很感兴趣，顺势一推，结果其两位同伴各买了一组产品。

（5）促销时。一些对优惠比较感兴趣的顾客在促销刺激下会购买更多商品，而此时关联也更易成功，因为还有赠品助一臂之力。

另外，当季节变化时，新品上市，都可以一句话推荐给顾客。

我们回到寿堂的客单价上来。许多企业都希望每一位员工能像寿堂一样，而其实“寿堂们”并不是频繁地创造出了神奇的大单，他们只是在平淡的导购中，抓住了一切可以利用的机会，推荐一包棉签、一小袋牛黄解毒片等。然而正是这些点滴的累积，使每笔单多了三五元钱，一天多了200元，一个月多了6000元，一年就多了7万多元。而这些点滴的努力可能就决定了一家门店的盈亏与命运，也可以说，决定了个人的收入与职业生涯的发展。

高手们与一般员工在门店导购中的区别可能不多，但有一个本质的区别，那就是他们在导购中不放过任何一次机会，任何一次向顾客提供有益知识的机会、推荐合适产品的机会、建立朋友关系的机会，而这不就是关联的秘诀吗？

6. 老品牌，巧关联

莫康是J连锁药店有限公司的店员，他在导购过程中，经常碰到这种情况，那就是在导购时，当关联到一些顾客耳熟能详的老品牌药时，很容易成交。这令莫康的导购轻松许多。

分析一下，之所以老品牌药能很快被顾客接纳，源于以下几点：

（1）印象很深。很多老品牌药是顾客小时候就听说过的，这些品牌在顾客心中烙下了很深的印记。当被提起时，顾客便会自然而然地相信，并且不需要进行更多的鉴别就可以做出购买决定。

（2）品牌信誉。一些老品牌的产品历经沧桑，时间在变，但是品牌仍被顾客喜爱，说明产品效果很好，这种产品的质量与信誉影响着一代又一代人。因此，在导购时，往往会有很多顾客主动要这种产品，更不用说被导购人员关联推荐了。

（3）服用过。顾客曾经服过的药对顾客的影响是极大的，他觉得曾经服用过的药效果很好，下次他还会选择这种产品。而对老品牌的药来说这类顾客更多。

事实上，只要在导购中巧妙运用顾客对老品牌的信任，完全可以在关联时加一种老品牌的药。那么，在导购时，如何去关联一些老品牌的药呢？

（1）顾客怀疑时。一些店员在导购时，一味向顾客推荐一些其没有听说过的品牌，顾客拿不定主意，有的甚至就想要走了。此时，应考虑到顾客对品牌的依赖，宜适时引导至一些老品牌药上，这样会增强顾客购买的信心，不至于丢单。

（2）挖掘顾客潜力时。对于有消费潜力的顾客，在推荐了一些产品后，可以再推荐一些熟知的老品牌产品。只要适合顾客，便能有额外产出。

（3）组合推荐时。很多人都会运用关联销售的方法，但是当好几种药都是顾客从来没有听说过的产品时，顾客很难相信你的推荐。而如果其中有他所熟知的品牌，这也将会增加顾客对店员的信任度。

（4）展示老品牌产品。当顾客购买的产品是一些老品牌的药时，应及时提醒顾客所购买的产品是老品牌，这样可以让顾客购买时更放心，节约导购时间。

导购时，既要考虑到毛利，又要考虑到顾客满意度。因此，在导购时要进行甄别，适时引导到老品牌产品上，会令导购更轻松，还能创造不少意外惊喜。

7. 中成药关联易接受

在药店经营的各个品类中，中成药具有很大潜力，但是实际销售中的表现并不如想象的好。

有这样几个原因影响中成药销售：一是在药店工作的人员中学中药的员工很少，大多数在药店工作的店员是学药学或相关专业的，虽然懂药，但对中药只是略知一二；二是中成药服用起来不方便，颗粒味道大，多有苦味，片剂一次服用的片数大都在两片以上。所以，店员在推荐中会遇到一些阻力，但其实中成药推荐起来还是很容易的，有以下一些技巧：

（1）中西结合效果好。在顾客购买西药时，一般可以用这样的话术来引导："西药起效快，中药治根本，中西结合，标本兼治，效果也更好！"比如，顾客拉肚子了，一般会推荐喹诺酮类的药物，此时加上中成药止泻颗粒或者其他的，顾客大多会接受。再比如，顾客泌尿系统感染，除了消炎药，用清淋颗粒或者热淋清片也会起到很好效果。很多中国人从小到大，都受到过中医药文化的熏陶，对中药往往很认可。所以，用这种方式进行关联销售，顾客很乐意接受，既提升了客单价，也增强了疗效。

（2）解释成分与作用。为顾客讲解产品时，应把产品放在顾客手中，同时指着成分向顾客说明和解释功能主治、产品本身的成分与功能。这是最好的推荐语，有更强的说服力，也比店员只凭感觉去说更科学。

（3）中药更安全。翻开西药的说明书，都有很长的副作用说明，而中成药则较少，中药更安全这一点顾客都会认同。所以在推荐时，只要说明这一点，往往也更易被接受。

（4）疗程。中药服用时一般都有疗程，按疗程服用效果好，而且也能帮助顾客自我调理，还能提升客单价。所以推荐时员工应养成提醒顾客按疗程服用的习惯，特别是说明书上注明了的产品，只要指给顾客看，很容易让顾客按疗程买。

在导购过程中，如果店员对中药的知识很丰富，则说服力也更强。所以，要想卖好中成药，适当的培训与学习也是必不可少的。

中成药是医药前辈们心血的结晶，有着极高的价值，只要在门店导购中合理关联，正确引导，中成药的销售还是较容易的。

8. 中药饮片关联实战术

天龙是K药店的一名店员，一天，一位顾客喉咙痛，到店里买药，经交流后得知顾客有慢性咽炎。天龙推荐了一种中成药，顾客接受了。天龙又介绍了一种含片，并且把卖点说得很到位，但是顾客不想用含片，说就这样吧，准备去付钱，天龙也带着顾客往收银台走。这时，店里的药师走过来说："要不你再带点胖大海泡茶喝吧，方便又有用。"顾客说："是怎样的？"药师带着顾客到了中药饮片货架，一两分钟后顾客拿着一盒胖大海到收银台一起付钱了。

药师在天龙的销售基础上成功推荐了胖大海，本来已准备结账的顾客因为药师的一句话转而继续购买，这里面的原因是什么？

天龙在介绍含片时，产品卖点说到了，但是顾客不接受，是因为顾客不想用含片，并不意味着顾客因此不想再买东西了。药师的成功推荐，只是因为药师找到了适合顾客的产品，泡着喝的，方便又有用，一句话就打动了顾客，药师改变了用药的方式，从而顾客愿意接受。因此在这里，我们切分出了一块市场，那就是，针对有些不喜欢用含片的顾客，是否能及时进行中药饮片的推荐？而且，有些顾客即使买了含片，也不会排斥中药饮片。事实上，中药饮片存在很大的市场空间，只是因为我们介绍得不到位而丢失了这块"蛋糕"。

中药饮片的销售有以下几个利好基础：

（1）国人接受。中国人都深受国粹的熏陶，对中药的深度认同根植于每一位炎黄子孙的心中，所以推荐起来，顾客接受程度也是较高的。

（2）有益的服用方式。多数在店销售的产品，特别是精选出来的常用罐装中药饮片，多可以以泡茶或煲汤的方式来用。多喝水对人有益，这种服用方式也易被接受。

（3）顾客了解。一些常用的中药饮片，包括药食两用的产品经代代相传，很多顾客都知道其作用，在销售时，往往也非常轻松。

虽然如此，但是笔者分析门店实际销售数据时却发现，中药饮片在多数门店的销售额占比低于1%，这与其实际潜力是不相符的。笔者发现，门店员工销售中药饮片的意识往往较弱，对常用的几种中药饮片之外的产品就说不太清楚，关联技巧不足。因此，在这里，笔者结合多年导购经历，与大家分享几条实战技法：

（1）动作引导。与门店其他的产品引导一样，我们想要推荐在顾客购买计划之外的产品时，需要有动作引导。可以右手指货架方向，引导顾客前往该区域，这样成交的可能性比只在口头上表达要大很多，必要的时候应跑过去拿了罐装中药饮片到顾客面前进行介绍。

在动作引导之前，我们员工的主动销售意识是更重要的。

（2）掌握中药饮片知识。其实，顾客往往并不太确定自己适合买什么样的产品，进行正常导购、根据顾客情况做专业搭配时，应给中药饮片一个位置。特别是当顾客对我们常推荐的其他产品并不“感冒”时，要及时想到中药饮片，而这时，对中药饮片的基础知识就要非常清楚。比如，苦丁茶、绞股蓝、百合、麦冬等。

这个可以通过经常看包装上的说明、查找相关资料、组织店内中药饮片知识培训等方式做到，并不难。

（3）通俗易懂化。中药饮片上的说明都是较“古文化”的，不容易看明白，讲给顾客听时要通俗易懂。比如，讲绞股蓝，可以先说一下，它又被誉为“第二人参茶”，然后再讲解其作用等，这样就会一下子让顾客明白这件产品的价值了。

每种中药饮片都可以通过这种简单明了的方式来进行介绍。

（4）试饮试吃体验。这是中药饮片销售的独特方法之一，特别适合这一类产品。当然，试饮的产品以中药茶类为宜，一些不适合当饮品的也可以通过试吃来实现销售，如红枣等。

（5）核心卖点说得巧。中药的作用也在于养与调理，在介绍产品时，应指向给顾客带来的长期收益。如红枣，一日三颗枣，青春永不老！坚持食用，既能带来持续消费，又能给顾客带来真正的可见好处。

而在说卖点时，需要提炼出能打动顾客的“老话”。须知，中药的使用本身已累积了足够多的文化与资本。

（6）顺着顾客的意愿。在导购时，不是强行以自己的意愿去进行推荐，而是在与顾客交流过程中灵活地调整商品，帮助顾客找到他们想要的产品，这才是销售的真谛。

顾客的想法可能会很凌乱，要帮助顾客理清他们想要的产品是什么类别的，在合适的时机去介绍中药饮片才更易被顾客接受，直接强行介绍会令顾客觉得很唐突。

（7）多角度关联。中药饮片可以与西药、营养素、医疗器械，外用药、口服中成药、个护等产品关联，关键是认清顾客问题，找准需求点。

当然，只要用心去悟，还能找到其他的导购实战法。而至于多点陈列、货架语言、促销、氛围带动、数据分析与奖励考核等运营管理方法，这里就不做陈述了。

从目前的行业潜力分析来看，中药饮片应是一个较好的增长机会点，一些连锁药店也已扩大了该品类在门店的“占位”。但是，药店人员务必有良好的实战引导，这样才能创造出真实的销售业绩，否则只是一个架子而已。相反，如果能做好这一品类，则对于门店与顾客关系的发展来说，将有许多意外的收获。

第五章

Chapter 5

营养素要这样卖

1. 提升营养素说服力

一次培训结束后，笔者调查了一下学员工作中的困难，其中，K药店的李药师反应的问题较有代表性。李药师说：“顾客对营养素总抱着怀疑的态度，很难相信，该如何是好?”

李药师反馈的营养素销售现状是真实存在的。门店员工在导购时，天天都面临着顾客的怀疑，特别是推荐营养素的时候，为什么顾客那么不相信营养素呢?

（1）单价不低。每一瓶营养素的单价都不低，最低也在60元以上，高的达到了300元以上。顾客本来只是花几十元钱买药治病，一下子被营业人员说到要支付几百元，从心理上来说，顾客的确也很难接受。

（2）观念陈旧。多数顾客只有在生病的时候才知道要买药，而平时好好的，没有看到一些潜在危机，要提前为看不见的未来问题买单，他们很难接受。再说，在国内，老百姓的保健意识虽有增强，却仍然心存疑虑。

（3）信任程度。顾客对门店员工的信任程度是有限的，他们很难完全相信不认识的人给自己推荐的产品，如果是朋友，也许更愿意相信些，这也正是一些保健品通过熟人来销售反倒成功的原因。

(4) 品质良莠不齐。众多的营养素产品，有好的，有差的，甚至有劣质的。老百姓分不清楚，也不愿意上那个当，干脆敬而远之，这也影响了营养素的推广。

但是，对于药店来说，大健康时代的到来，意味着营养素有很大的提升空间，需要找到一些方法来提升门店员工的营养素说服力。

(1) 用事实说话。在向顾客介绍时，除了介绍产品的作用，还需要分享真实的例子。比如，同事张姐正在服用天然 VE，给顾客介绍张姐的服用效果。也可以说附近某个社区里面的顾客的真实例子，不管顾客相不相信，事实摆在顾客面前，总是更有说服力的。

(2) 价格拆分。这一方法多数药店人员都会，就是将价格分解到每天或每一粒。比如，液体钙软胶囊 98 元一瓶，一共 100 粒，一粒只需要 0.98 元，每天服用一粒，每天不到一元钱，我们每天喝一包牛奶还要 2 元钱呢！记住最后这一句话的作用很大哦，因为它可以让顾客进行类比，暗示其实自己是可以支付得起的。

(3) 用好标识。在包装上，会有蓝帽子的保健食品标志，或者是进口食品标志，将这些标识展示给顾客看，能增强顾客对产品的信心。

(4) 成分表。产品上一般都有成分表，将产品的成分告知顾客，将成分表给顾客看，一一讲解每种成分的作用，也可以化解一些顾客“产品上怎么没有作用说明呢”的问题。

(5) 多说健康提醒。顾客购买营养素，自然希望自己的健康状况得到改善。除了服用产品外，健康的生活方式、饮食习惯、心理都对健康有着重要的影响，所以要根据顾客的情况，给出必要的准确的健康提醒。

另外，运用良好的陈述技巧、将产品放在顾客手上、对产品卖点非常熟悉、清楚产品的目标人群等都能有效提高营养素的说服力。

其实，导购也是一个博弈的过程，顾客在心理上从否定转向肯定，需要工作人员多动脑筋。将疾病潜在风险讲清楚，将可信的事实告知顾客，则自会引起顾客的重视。

2. 营养素“团队销售法”

喜乐是Q药店的新员工，工作了三个月，卖更多营养素也是喜乐想做的。可是，有时喜乐觉得在推荐过程中往往快要说服顾客了，但是顾客突然提出某个问题，喜乐一下子很难给予有说服力的解释，于是顾客就走了。喜乐想：要是在卖营养素的时候，有人能帮一帮自己该多好呀！那样成交量一定会更多。

喜乐在这里遇到的销售困境，就是个人的销售能力相对较弱，该如何解决？其实，并不一定是新员工才会出现这种情况，即使是老员工，在销售中虽可以说清楚产品，但是顾客往往也不会听其“一面之词”，而多以“再看看”回绝。这里就需要运用到销售当中的“团队销售法”。

所谓“团队销售法”，是指由两名或两名以上的员工相互配合来进行销售，以提高成交率。相互配合有时好比“演双簧”，有时需要扮红白脸，有时需要强化印象，有时只是蜻蜓点水地说一两句便可。形式千变万化，但是核心是默契配合。

那“团队销售法”有哪些具体的方法呢？

（1）产品信心补充。在导购时，顾客经常会对某一位员工介绍的内容将信将疑，觉得是那么一回事，但是还不够有“力”。此时如果在店的其他同事可以帮着说一两句产品的作用与真实例子，将会增强顾客购买产品的信心。

在这里，“团队销售法”可以理解为多一个人，多一分力量。

（2）追加销售。员工A成功推荐了天然维生素B族给一位购买口腔溃疡用药的顾客，到了收银台或在前往收银台的过程中，店长又介绍了特价的蛋白质粉，说可以帮助组织黏膜更快修复，而且还能增强体质，于是顾客又买了蛋白质粉，我们称这种销售法为追加销售。但是如果这一行为是由员工A继续来完成，往往成交率要低很多，因为顾客一般较少同时卖“一个人的两次面子”。

在这里，“团队销售法”可以理解为多一个人，多一份面子。

（3）合作推荐。这种情况多适用于如喜乐一样销售能力相对弱的新员工。比较挑剔的顾客与推荐起来有难度的产品，多人合作进行介绍，可以在更大程度上消除顾客异议，引导顾客购买。当然，需要注意避免人多给顾客带来压力。

在这里，“团队销售法”可以理解为多一个人，多一份专业。

（4）开放心态。“团队销售法”能够成功实施，前提是员工的心态积极开放。因为多数门店会对销售设立相应奖励，如果纠结于奖励算谁的，那么“团队销售法”将举步维艰。而当员工都帮助他人去进行销售时，也将会收获他人在销售上帮助，最终门店的整体业绩上去了，销售奖金会更多。说简单了，就是心越大，看得越广，收获也会越多！

在这里，“团队销售法”可以理解为多一个人，多一分收获。

药店人员也都知道，一个人的力量再大，大不过团队！而营养素销售如果想在更大层级上实现突破，团队销售法运用必不可少，而这里深藏着的就是“蚁球的力量”！

3. 营养素周期推荐法

依美是P药店的店员，她在导购中，发现不少顾客认为营养素买这一次就好了，所以，常常出现“下不为例”的情形，老顾客也较少。是什么原因令顾客只买一次营养素呢?

其中涉及的原因可能较多，比如，效果、顾客习惯、员工服务与后续跟进等。不过，与同事在导购时有没有对顾客宣传坚持服用的观念也有关。

有些同事可能会说，自己也说了，就是顾客听了不怎么在意。有什么办法可以让顾客在意我们说的“坚持服用”这一句话呢?

其实，我们在导购药品时，常会以疗程用药来进行推荐，其道理是相似的。一些药物特别是中成药需要按疗程服用，效果会更好。其实，“坚持服用”与疗程用药想向顾客表达的观点是一样的，那就是“病去如抽丝”，是需要一个过程的，急不得。

营养素的服用也是同样的道理，营养素的价值在于坚持服用预防疾病，而不是立竿见影。所以，推荐时有必要进行“周期推荐”。

所谓周期推荐，是指按营养补充剂达到一定效果需要服用的时长或瓶数向顾客进行推荐的方法，其核心仍是告知顾客要坚持服用，只是用一种量化的标准来引导顾客形成习惯。当然，也与营养素本身在体内的作用过程相关。

一般来说，营养素多可以长期使用，以周期进行循环。

举一个例子，比如，以某品牌保健食品的葡萄糖酸锌口服液（12 支/盒，每天 1 支）来讲，葡萄糖酸锌服用周期是 2～3 个月，以 3 个月来计算，则需要服用约 8 盒。尽管顾客不一定会一次性买 8 盒，但是我们需要将这一道理向顾客讲清楚。一是帮助顾客达到购买产品的目的，二是为顾客下次购买创造机会。

具体来说，可以进行以下操作：

（1）清楚周期长短。如上面的葡萄糖酸锌以 2～3 个月为一个周期，一些特定时期吃的营养素也会有明确的起止时间。比如，营养素中的叶酸多维，一般在准备怀孕、孕期与哺乳期服用；比如，鱼肝油软胶囊多从出生一个月后开始补，至两周岁左右。而多数可长期服用的营养素如深海鱼油、卵磷脂则可直接告知顾客长期服用。

（2）周期结束。当服用完一个周期后，可以根据情况选择是否继续服用。比如，顾客服用液体钙 3 个月后，抽筋等症状有明显改善，考虑顾客是年龄在 40 岁以上的女性，钙流失更多，因此应继续服用。如果是年轻人，只是因为短时间缺钙引起了腿抽筋，通过服用液体钙改善后，可以强化饮食中的钙摄入来达到平衡钙的目的。

（3）配“营养素盒”。不少顾客之所以没有坚持服用营养素，是因为忘记了一次又一次，最后就索性不吃了。如果能给顾客配一个“营养素盒”，类似于小药盒，从周一到周日的，全部分格放好，则可帮助顾客养成服用习惯。

（4）巩固营销。通过微信号推送、发放宣传册、跟进使用效果等多种方式来帮助顾客强化服用营养素的信心，也可使顾客更易形成坚持服用的习惯。

以周期推荐，是用量化的方法来提醒顾客，也是根据一些营养素的特点而设置的，目的是为了帮助顾客感知营养素的价值，产生深度认同，形成消费习惯。当然，它也自然会带来业绩的稳定与增长。

4. 营养素高手需要具备哪些知识

福瑞是F药店的店员，常看到店里的大姐轻轻松松搞定一笔又一笔营养素大单，福瑞甚是羡慕，心想要是自己也这么厉害该多好！下班的时候，福瑞私底下向大姐取经，问大姐是不是有什么秘籍，大姐说："没啥秘籍，但最基本的知识你一定要非常精通。"说完大姐就走了，福瑞愣在那，最基本的知识包括哪些呢？

许多药店人员在大健康时代的背景下想成为一位营养素的营销高手，或者说希望自己卖保健品的能力更强，于是总是探询他人的捷径与秘密。然而，罗马不是一天建成的，各种销售技巧也只有建立在扎实的知识基础上才能游刃有余。如果具备足够丰富的知识，在与顾客交流中，自然就会有极强的说服力。

要成为一名营养素销售高手，需要精通哪些知识呢？又该怎样去获取？

（1）产品知识。只有对产品的每个细节、每个侧面都非常熟悉，对顾客提出的问题才能应对自如。这些知识点包括：具体作用、产品特点、适应人群、如何服用、每天的价格、既往顾客效果等。

要知道这些产品的知识点仅仅看资料是不够的，要从与顾客的接触中去体会才能深刻明白，同时，在与顾客交流中，总结出哪些知识点向顾客传递的效果是最好的。不同的顾客，在导购时，就算是同一种商品，推荐的侧重点都不一样，而且还要说得简单明了，通俗易懂。

（2）疾病知识。疾病知识是与顾客交流的一个切入点，顾客为什么会来药店？是因为有健康需求。不同的顾客疾病不同，药店人员要懂得常见疾病的发生、发展与诊治过程。药学服务的核心是提供专业的咨询与适合的产品给顾客，这一切都需要专业基础，所以高手不是凭空说出来的，而是刻苦修炼的结果。

疾病知识包括常见病因、症状、基本诊治原则等，相关知识包括中医养生、健康知识、饮食建议等。

进入医药行业，要通过系统的在校学习或者自学来打好理论底子，工作后，仍应持续深造，彻底弄明白与工作相关的各项具体问题。公司的资料、曾经用过的课本、新购买的书籍、行业资讯与微信订阅号平台等，都是可以获取各个系统知识的工具。不过，笔者提醒，系统的教材仍是要去仔细阅读的范本，再结合各个点上获取的知识，就能使知识面不断扩大，使知识结构不断立体化，使经验、知识与视野不断丰富。

（3）销售知识。多数人有技巧是因为他们懂得技巧的来源——销售知识，与销售相关的知识包括市场营销、有效沟通、推荐技巧、顾客心理、行业背景等。导购人员的内心理念，正是建立在知识结构与价值取向上的，对“营销”的理解越深，就越能有效地与顾客交流，并充分利用好公司与门店的各种资源。而对顾客的消费心理愈了解，推荐成交率就愈高。

一位营养素销售高手并不是夸夸其谈者，也不是故弄玄虚者，而是一位实实在在用自己的知识去帮助顾客改变疾病发展情况、用营养干预改变顾客亚健康状态的专家。成为这样的高手不只是一个称号，而是一种荣誉，当然，也会收获相应的回报。

5. 如何培育营养素销售高手

益灵是R药店的店长，她非常清楚营养素对门店的毛利贡献与营业额都起着关键性的作用。可是益灵掰着手指头算，店里面总共6个人，可以称得上“营养素销售高手”的也就只有一两个人。益灵在想：怎样才能快速培育出更多的营养素销售高手呢？

益灵的疑惑是大健康时代药店的“瓶颈”问题，对于每一家药店来说，都面临这个同样的现实。如果门店员工个个都是营养素销售高手，那门店的业绩将会是何等壮观！是什么导致销售现状不尽如人意呢？

（1）顾客怀疑。多数顾客在面对导购人员推荐营养素时，都会心存戒备，销售人员要说服顾客是一件辛苦的事，因为顾客并不是太理解。

（2）员工怀疑。员工导购营养素时，往往也会被顾客的拒绝与怀疑打击，并且一些导购人员自己也不太相信营养素的价值。

（3）被动等待。目前，不少药店人员的营养素销售都是顾客主动问询才销售出去的，而不是在平常的导购中创造出来的。

当然，这也与企业的管理、培训与奖励机制有关，但是，培育营养素的销售高手并不如想象中那么难。记得一位运营管理人员曾说，他们企业有一位高手能准确把握顾客的微妙心理，从而成功完成营养素的推荐。但是这种“顾客心理把握”多属这位员工的个人经验，复制有一定的难度。

我们能否找到一些较易复制的“培育高手法”呢？笔者有以下建议：

（1）基础营养素知识与专业搭配。再神奇的武学宗师都得先有扎实的基本功，不同性别、不同年龄、不同亚健康状况的顾客，合适的营养素都不一样。更重要的是，要学会专业组合搭配，有时了解基础知识不难，但是合理的搭配却有难度，既要说得明白，又要顾客能接受。

（2）演练与带教。知识转化为技能需要通过训练，培训后进入门店，或者在门店现场培训营养素知识后，要多进行角色扮演。在演练过程中，观察员工，帮助他们分析导购过程，肯定做得到位的地方，改进不足之处，坚持循环带教，就能较快建立员工的“营养素销售条件反射”。

带教可以安排现有的营养素高手来教，既有说服力，又能结合实际，还能起到激励“高手”的作用。教的时候，应鼓励高手充分展示自己的销售技巧，多分享成功案例，总结心得，积极互动。

（3）一句话推荐。门店的每一种营养素都可以总结出一句话来进行“口语化”表达，培养员工“脱口而出”的能力。

（4）必要的竞赛。可以是班组之间的销售竞赛，也可以是公司举行的知识竞赛等。比赛是为了强化销售氛围，在更大程度上引起员工对营养素销售的重视。

同时，药店在运营管理中，加入更多的销售促进方案与专项激励方案，会激发员工的销售热情。有技巧，有奖励，员工自会乐于推荐，即使有难度，也会转换成机会，事实也的确如此。越沉湎于销售下滑或停滞的局面中，业绩就越是挺不住，而引向更高的目标与具体的行动，改善技巧，扭转心态，积极寻找方法，就能创造出许多的销售奇迹！

6. 营养素销售案例怎样分享

齐贝是R药店的店员，季度评比时，齐贝的个人营养素销售额排在全公司前列。店经理请齐贝分享心得，齐贝说了几个大单成功的案例，大家听了觉得非常激动，很佩服齐贝。但是分享后，同事们的营养素业绩并没有改善，询问同事，同事说没有可复制的东西，自己只听了结果，不知道为什么齐贝会取得那么好的销售业绩。

笔者与同行交流如何推广成功经验时，发现不少药店人员都采用案例分享的方式。但是，这种分享只停留在讲发生的事实上，没有深入地分析，结果员工只知道可以卖得好，不知道怎样才能卖得好、自己可以用的方法有哪些。出现这种“有分享，无实效”的状况，一些人又将责任推给培训部门。事实上，导致这种情况的原因有以下几点：

（1）理性分析思维的缺失。许多同事在分享销售成功案例时，经常讲销售有多难，但自己攻克了。他们彰显的是个人能力，并没有通过逻辑分析将其提升到理性层面，也就是可复制的标准化流程上。

（2）报“喜”不报“忧”。多数人分享案例倾向于分享成功的案例，实际上，每个人在导购过程中都会遇到无数次挫折，每次的成功都是建立在多次的“被拒绝”之上的。所以，应分享失败的案例并找出顾客不接受的原因。如果每次失利都不去分析与总结，就不明白“病根”在哪里，在以后的导购中很难提高成交额。

（3）消极心态。做销售的人都有无数次成功的经历，一些药店同仁不屑于借鉴他人经验，觉得自己够好了，对别人的“优秀”一概屏蔽。

也许我们有必要了解一下明托金字塔原理。我们每表达一个主题，例子只是其中一个元素，也就是例证，而什么能支撑我们的主题思想呢？那就是要点或者说是分论点，要点要令人信服，同样需要理由与证据。也就是说，分享时，需要先提炼自己经验中的核心是什么、包括哪些要点、什么可以佐证要点，然后根据情况举例。例子放在前面、中间或者后面都可以，可以是一个或者两个，视时间而定。

在这样的逻辑表达之后，才能清晰地将自己的“经验”转换成可推广的标准。具体来说，分享与倾听时应侧重以下几点：

（1）提炼出成功的关键点。我们从一线来，印象最深的就是自己的工作经历，每一个案例中，我们是怎样成功说服顾客的？顾客怎样从不接受到接受，是什么令顾客改变了购买决定？这些关键点包括顾客特征、消费心理、导购过程、事实情景、员工素养（包括员工心态、专业与销售技能等）、营销背景与企业品牌认可度等，可以说，提炼关键点是一种能力。

（2）在失败中找成功元素。在分享时，对顾客拒绝的案例进行仔细分析，可以知道是自己的原因、产品的原因，还是顾客或其他原因导致交易未成功。找到问题所在，就可以在下次导购中规避或改善问题，不断优化导购结果。

（3）它山之石，可以攻玉！倾听他人经验时，结合自己的情况做调整，哪些是可以结合到自己的导购习惯中去的、哪些不太明白、为什么不明白、怎样弄清楚，这些想法只有具备“理性空杯心态”的人才会自然产生。若能持续以这种心理考虑问题，假以时日，“高手”自成。

这是从听的角度来说，因为我们多数时候得不到有效的分析，所以，具备良好的分析与总结能力将能有效复制他人的成功之处，并且实现超越。

在营造销售氛围时，管理者会将经验分享当成一种常规手法。只是，这样做时，需要以分析、提炼和可复制确保分享的实际效果。

7. 营养素标准化陈列

笔者曾不止一次有这样的经历，到药店要某种营养素，结果员工从第一排开始找，不见；再找第二排，不见；再找第三排……好不容易找到了，但常常是等了几十秒甚至一两分钟之后的事。且不说后面的介绍，单是等待的过程，顾客会做何感想？这位员工对商品不熟悉，这些商品可能不好卖……

在多次的巡店中，笔者发现很多顾客也遇到了类似的经历，往往要等待一段时间，员工才能找到他们想要的营养素，营养素真的那么难找吗？这里面更深层次的问题是什么？可以通过哪些办法来解决这一难题？

这个案例背后隐藏的门店真实问题与管理问题是什么，让我们先来了解一下。门店关于营养素的具体陈列与销售问题：

（1）部分商品量不足。很多药店考虑到库存成本问题，对于营养素这样的大件商品的量备得较少，因此，陈列在货架上也呈现“凋零”的状态。商品量不足，会出现几个问题，一是不美观，二是遇到顾客要得多时调货来不及，三是员工不敢卖，一卖掉就没有货了。

（2）门店以货量进行陈列。大多数门店都是根据公司有多少货下到门店，以货量多少进行陈列，货多的多些排面，货少的少些排面，其他的很少去考虑，因为这很现实。

（3）品牌之间区隔不明显。每家药店的营养素可能都有不止一个品牌，门店在陈列时，品牌之间区隔不明显，只觉得都是营养素，陈列在一起就好了。

（4）商品之间关联性弱，有的甚至没有关系。在陈列时，不考虑营养素之间的内在联系，随意陈列，结果，A 产品边上是一个与它根本没有关系的产品。比如，儿童成长维生素边上放着褪黑素等。

（5）商品难找。同一个品牌的营养素系列，其包装很相似，只是图片与文字不同，员工如果对商品不是很熟悉，就会出现难找的现象，正如笔者所遇到的情形。这种情况表现为顾客很难找到自己要的商品，没有经验的员工，特别是新员工寻找商品的时间较长。

（6）员工根据自己的喜好销售，营养素越卖越窄。在陈列时，大家喜欢将好卖的营养素陈列在最易拿到与看到的位置，也就是黄金货架位，而且员工也喜欢卖好卖的。其结果就是，门店营养素销售集中在 VC、VE、深海鱼油、卵磷脂、液体钙、鱼肝油等几款产品上，其他的很多营养素无人问津，员工对你说："那些不好卖！"然而事实并非如此。

解决之道：

问题其实也是机会，这些问题的存在是因为没有一项标准。如果在陈列营养素时，能给门店一项陈列的标准，则营养素陈列既美观，又利于销售。那关于营养素陈列有哪些标准呢？

（1）品牌区隔清晰化。笔者曾在一家百强连锁药店看到，营养素陈列第一、第二层是 T 品牌的，第三、第四层是 D 品牌的，最下面几层是 H 品牌的。因为几个品牌的包装颜色深浅不一，而且这样的横向陈列拉得很长，显得很乱，且区隔不明显。其实在陈列时，只要将每个营养素系列的产品自上而下纵向陈列在一起，则看起来会清晰美观，找起来也容易，而且很规整。所以要使营养素陈列标准化，首先应将不同品牌纵向区隔开来，这一点做起来不难。

（2）促销品量感陈列。对于一些黄金单品，或者季节主推的营养素，或者是促销的商品，在做堆头或其他特殊陈列时，应有足够的货量，起到“旺卖”的作用。

（3）以男女老幼组合及孕期进行区分陈列。每一个系列的营养素大都包含了不同人群的营养需求，而在陈列时也应遵循这种顾客诉求的原则。比如，男士组合以抗疲劳为例，具体产品有 B 族 + 氨基酸，或者是一些草本类的产品；女士组合以美容内调为例，具体的产品有天然 VE + 胶原蛋白 + 芦荟软胶囊等；老年人的黄金组合大家都知道，有深海鱼油 + 卵磷脂 + 液体钙。

但是不应局限于此，对于每类人群都可以进一步细化。比如，老年人可以有维持心血管健康的药品，其中包含辅酶 Q10、银杏叶等；对于儿童，成长组合有牛乳钙 + 鳕鱼肝油 + DHA 软胶囊，也可以是儿童多维咀嚼片 + 钙铁锌咀嚼片等；孕期则可分孕早、中、晚类，集中陈列在一起；对于较难归类的，可以放在一起作为基础组合，比如，改善成年人睡眠的褪黑素等产品可以作为基础组合。每一种组合可以根据门店的货架具体情况来调整排面量，但针对每类人群的产品至少应在不同的层板上，比如，女士的产品就应在女士组合层板，老年人的产品就应在老年人的组合层板。

（4）辅以货架语言。每一个组合陈列好后，在层板的价签插卡上可以放置提示的标识卡，如男士组合，这样顾客一看就知道是否适合自己，即使没有人导购，顾客也同样可以找得到“自己的位置”。员工在推荐时，也更容易找到相应的商品，节约时间。

（5）组合推荐。同一层板上的商品具有相关性，员工可以以组合的方式对顾客进行推荐，这样既能深挖顾客的潜在需求，也可以解决营养素销售过于集中的问题。

标准化陈列操作指引：

在进行营养素标准化陈列时，门店会出现一些问题，应给以下指引：

（1）部分商品货量不足，需要及时补货。

（2）同系列营养素，新的商品来了之后，须陈列在相应组合层板。

（3）调整商品排面数和每个组合分配的层板数，以解决不同门店实货不同问题。比如，女士组合可能要2块以上的层板等，但组合原则不变，陈列则可标准化。

（4）货架语言由企业市场部制作插卡，则不影响放价签。

（5）陈列后需对员工进行培训，包括销售技巧、组合商品与营养素基础知识培训，这样陈列才能变成业绩与利润。

（6）门店交接班时应多进行案例分享，以组合推荐。

（7）有了新的陈列，门店也应挑战营养素新高目标，没有更高的目标，陈列会成为一个摆设。

以笔者的经验来看，有标准化的营养素陈列、积极主动推荐的销售团队，加上良好的激励方案，营养素销售额占比提升到20%以上并不难，关键是看谁能执行到位。表5-1是供参考的营养素标准化陈列模板设计。

表5-1 营养素标准化陈列模板

营养素标准化陈列模板（仅供参考）					
层板数	功能分类	营养推荐	陈列要求	货架语言	货架语言形式
1个层板	中老年组合				

续表

层板数	功能分类	营养推荐	陈列要求	货架语言	货架语言形式
1个层板	中老年组合				
	心脑血管保健	辅酶Q10软胶囊、深海鱼油、大豆磷脂、银杏叶片	层板1	中老年组合	插卡
	关节健康	液体钙+氨糖	层板1		插卡
1个层板	成长组合				
	补钙益智	牛乳钙咀嚼片、钙铁锌咀嚼片、鳕鱼肝油、DHA	层板2	成长组合	插卡
	增强抵抗力	牛初乳片、牛初乳钙片、VC咀嚼片	层板2		插卡
1个层板	女士组合				
	美容	葡萄籽素、天然VC咀嚼片、胶原蛋白软胶囊	层板3（盒装VE可另做堆头陈列）	女士组合	插卡
	内调	天然VE、大豆异黄酮软胶囊、芦荟软胶囊			插卡
1个层板	男士组合				
	抗疲劳	B族、氨基酸、其他草本产品	层板4	男士组合	插卡
	护肝	奶蓟	层板4		
	增强免疫	多种维生素、蛋白粉、牛初乳、螺旋藻	层板5（蛋白粉等罐装商品可做堆头陈列）	基础组合	插卡
	体重控制	左旋肉碱、苹果酸片、树莓酮	根据情况可做堆头陈列		插卡
	改善睡眠	褪黑素	层板5		插卡
	视力保护	天然β-胡萝卜素软胶囊、叶黄素	层板5		插卡

续表

层板数	功能分类	营养推荐	陈列要求	货架语言	货架语言形式
1 个层板	孕期营养				
	孕期营养	多维营养素片（孕早期）、多维叶酸片（孕中期）、多维营养素片（孕晚期）、液体钙	层板 6	孕期营养	插卡

8. 巩固营养素顾客忠诚度

林佳是W药店的店员，他发现：每月卖出去不少营养素，按理，来买营养素的顾客会越来越多，可事实并不是这样的，回头再买的顾客虽有，但是并不多。那些顾客都去哪儿了？怎样才能提高营养素的顾客回头率呢？

营养素与多数药品的不同之处在于，需要坚持服用。也就是说，营养素是得长期购买的产品，可是顾客为什么不“听话”呢？

目前，药店同仁多聚焦于对慢病顾客的营销，因为慢病顾客受疾病本身的特点影响，形成了长期购买力。然而，慢病产品中的毛利却非常有限，指向于营养素并且培育顾客对营养素需求的忠诚度才是正道。

根据营养素顾客黏性矩阵理论，即以顾客消费能力与对营养素的认同度来进行区分，顾客消费能力越强，且对营养素的价值越认同，其重复购买的可能性就越大。也就是说这部分顾客最易形成购买习惯，反之，则很容易“迷失”。我们要重点培育的顾客就是那些有消费能力但是对营养素认同度低的顾客，需要通过持续的配套方法与营销来巩固其忠诚度。

具体来说，可有以下一些措施：

（1）买单时再次肯定顾客的购买决定。不少同事都会忽视这一点，觉得顾客都已经买了，何必再多费口舌。其实，当顾客在收银台付钱时，仍然不太确定自己买的东西是否真的值。此时，说一下“这个产品确实非常适合您!”或者再次简单说一下产品的利益点，或提示顾客要记得坚持服用等，将能增强顾客信心，改善购后评价，并且引导顾客形成购买惯性。

（2）创造下次销售机会。顾客买了天然VC，在送小赠品时，可以送小瓶的钙片，告知适合谁服、怎样服用，这样做可以创造顾客下次购买钙片的机会。同时也可以告知顾客后期活动信息，以便吸引顾客再次来店。

（3）致谢。这是从服务角度来提高顾客满意度的做法，多数人觉得顾客买东西，还要谢谢他，不习惯。其实，沉下心来想一想，还真的应该说一句：“谢谢光顾!”

（4）解除后顾之忧。提供门店的名片，或者给顾客留一个门店的电话，告知顾客有问题可以随时咨询，既方便帮助顾客答疑解惑，也是向顾客表明我们品质保证的一种方式。

（5）及时维护顾客资料。及时录入顾客资料，包括更新联系方式，这样能留住更多的老顾客。而对于回头客，要看其购买的产品发生了什么改变，分析原因，并挖掘新的销售机会。

（6）跟进使用效果。这一方法，多数药店人员目前都忽视了。其实，在一些专门销售保健品的团队中，跟进使用效果是最常用的方法之一。这样做，一能了解顾客的使用情况，二能帮助顾客发现效果不佳的原因，并进行调整，或帮助重构健康的生活模式。而药店人员如果也能用好这一方法，门店销售将会发生质的变化。

当然，跟进需要注意技巧与方法。

营养素销售需要主动推荐，相互配合，优化技巧，但是，更需要进行顾客维护。须知维持一位顾客比增加一位新顾客要容易，而如果顾客重复性购买越多，门店的生意做起来就越轻松，业绩还高高的。

第六章

Chapter 6

解读单体药店

1. 单体联盟的益处与难点

李青原本是H连锁药店的一名店经理，因为不甘一直为他人打工，便开始自己创业，成了C药店的老板。单干以来，李青操心的事就是生意了，原先为他人打工，任务再高也没觉得有太大压力，真正自己开店才发现压力挺大的，不过收益也多。但是李青还是感受到自己的药店势单力薄，要是能像原先工作时，遇到像缺货或者促销人手不够之类的困难，有兄弟药店帮忙，或者有事共同商量一下，也许能轻松一些，至少能想到更多的办法来应对一些问题。

李青看到有些城市有单体药店联盟，觉得很好，于是也想加入。那么加入单体联盟有哪些益处呢？

（1）实现资源共享。信息社会里，信息也是一种资源。加入单体联盟后，可以更及时了解行业资讯，也能了解其他药店遇到的问题，以及要用什么方法解决。同时，联盟协会会提供一些技术支持。

（2）降低采购成本。加入联盟后，大家共同采购的产品可以获得更多的让利，也能减少供应商只为一家药店配送药品的压力与成本。而且供应商可以向单体联盟药店统一配送，这点类似连锁，但是相互之间又不受制约，可以说是利益共享。

（3）实现知识共享。每家单体药店的成功经营都有一些独到的方法，单体联盟也可以通过一些平台让经营得好的单体药店与大家分享经验，实现知识共享。

（4）减少恶性竞争。单体药店之间的竞争往往会表现在价格上，价格一降再降，结果进入恶性循环，鱼死网破。有时也会表现在一些单体药店特有的恶意攻击行为上。加入联盟后，大家有事可以在桌面上谈，以解决不必要的纠纷。

当然，单体联盟也会有其他的好处。比如，共同抗衡连锁药店的打压与实现政策资源共享等。虽然单体联盟有不少好处，但是当今联盟者并不多。为什么呢？因为联盟也有很多难点。

（1）相互不信任。联盟的前提是相互信任，但是单体药店之间没有太多直接的利益关系，也不会完全相信对方，所以很难走到一块。

（2）自满。很多单体药店认为自己经营得还行，不想有更大的突破，觉得日子能过得下去就行，没有足够的危机意识，所以也不会有寻求联盟的想法。即使有人上门来谈，也会表现出不耐烦或拒绝。

（3）只是形式。很多联盟协会也可能只有形式，没有实际内容，因为由谁来牵头、运作机制怎样，这一系列的问题会使联盟最后只有一个形式。就好比群主创建了一个 QQ 群，大家加入进去，本以为可以共享很多资源，但是最后发现每天只能看看无聊的广告与无意义的闲谈。

但这并不能否定单体联盟的积极意义，如果单体药店能很好地结成联盟，那么对于药店更长久地经营有着很多实际的帮助。当然，这也需要更多单体药店用开放的心态来接受与面对。

2. 单体药店要开放封闭式货架

F店是Y城的一家单体药店，笔者进到F店时感觉员工的服务态度还不错，专业知识也还行，但是该店的客流却很少。再到另一家单体药店S店，情况几乎是相似的。笔者再到其他单体药店，发现共同的问题是客流不多，而货架也几乎清一色的是玻璃柜台，顾客要买药必须由工作人员拿出来。这种闭柜式销售模式是很多单体药店的经营模式，但是这样的模式真的好吗?

让我们一起来分析一下，为什么单体药店要采取闭柜式销售模式。

（1）人员少。单体药店有的是夫妻店或者是老板一人上班，有的是自己家亲戚朋友帮忙，一般人员都比较少，这样可以节省成本。因为人员少，看场的人少，如果采取开放式货架销售，顾客一多就看不过来。

（2）防盗。对于医药零售人员来说，最头疼的就是药品丢失，因为商品小，很容易被盗。而采取封闭式货架即玻璃柜台，就可以减少或避免这种情况发生。

（3）减轻打扫卫生的工作量。笔者刚进入医药零售行业时，曾在一家小连锁药店工作。这家药店也都是封闭式的玻璃柜台，员工上班很少打扫卫生，为避免落灰，员工都养成了拿好药之后赶紧把柜门关上的习惯。的确封闭式的货架相对而言卫生工作量会小一些。

当然，还有其他的原因。比如，单体药店本身商品库存量就小，这样可以减少库存资金，因此也不适合做开放式陈列等。不过，正是因为采用了封闭式货架，所以在一定程度上也制约了店里面的来客数。

采用开放式货架有以下几个好处：

（1）增加顾客的自行选购量。很多时候，对一些 OTC 产品顾客会自行判断、自己选购，而且有的顾客也不喜欢有人导购，再加上有些产品本身就不适合由店员拿给顾客，如避孕套等。如果采用封闭式货架，也就意味着不少顾客会被自动分流掉，那些喜欢自行选购的顾客就不会到封闭式货架药店来。换句话说，想要来客数多一些，就要采用开放式货架销售。

（2）商品看上去更多。封闭式货架能放的药品少，而且看上去也显得稀少；但是开放式货架，即使并不增加品项，只要有良好的陈列技巧则会看上去丰富丰满。比如，突出首层、空盒陈列等。

（3）门店形象更好。在开放式货架中有端架，可以根据季节不同陈列相应的商品。而这些商品，比如，堆头与端架的特殊陈列商品，自然会吸引路过的顾客，同样能增加客流量，改善业绩。

开放式货架打破自我设限，让顾客有了更多接触商品的机会，也让工作人员与顾客走得更近，而不是总隔着玻璃柜台，让人感觉有距离。这些都能增加顾客的好感与认可度，进而更愿意到门店来。

当然，有的同仁会认为那样工作量加大了，笔者想说：“开店不就是想多赚点钱吗？工作量大也就意味着有机会赚更多钱，这不正是开店的初衷吗？再者，时代在变，观念也要变，越来越多的药店开放接纳顾客，单体药店也要迎头赶上！”

3. 城乡单体，经营有别

夏杞在S城Y连锁药店有限公司工作了几年，因为S城生存的成本高、房价高、消费高，所以夏杞回到自己老家，在县城里开了一家药店。夏杞的经营思路与他曾在的Y连锁很相似，开业后经营得还不错。后来夏杞想开第二家，在离县城稍远一点的乡镇上做了一下市场调查，发现乡镇上的药店与自己开的店有较大区别，乡镇的药店店面小，而且药品品种少。在夏杞看来，那几乎算不上药店，所以也就打消了在乡镇开店的念头。但是，夏杞在想，为什么城乡的药店会有这么大的差别呢？

夏杞的经历可以说是城乡药店的缩影展现，目前单体药店主要分城里的、郊区的、乡镇的。连锁药店受发展所限，在乡镇的较少，乡镇上的大多数是以单体药店为主，地域不同，经营策略也不同。城乡药店的差别有哪些呢？经营中重点又在哪里呢？

（1）城市单体药店。城市单体药店的生存压力较大，因为需要与很多连锁药店抗衡。也可以说，城市里的单体药店能生存下来，说明经营者很有头脑。在笔者看来，城市单体药店需要有较齐全的品项、良好的服务态度；导购人员有一定的专业素养；在定价上不一定要走低价路线，可以维持在中等水平。也就是说，不要去拼低价，因为拼不过连锁平价药店，但是价格走高又会无人问津，所以，定在中等水平即可。倒是对品项的关注应更多，连锁药店的品项管理较严格，不如单体灵活，当有更齐全的产品时，也会吸引顾客自动到店里面来购药。

城里的顾客大多数都有一定的文化程度，信息面广，导购时，要说服他们需要更强的专业性，所以，城市单体药店的工作人员在专业上不可马虎。

（2）郊区单体药店。随着城市化进程加快，很多的城市流动人口向郊区扩散，郊区既是外来务工人员的工作地，也是他们的临时栖息地，因此开在郊区的单体药店要迎合郊区务工人员的消费需求。一般来说，外来务工人员患病往往以多发病为主，比如，呼吸道、消化道与皮肤方面的疾病，在经营品种上也应侧重于这些品类。郊区的顾客受知识所限，较相信药店工作人员的推荐，所以，除了药品外，保健品在郊区药店推荐起来也比城市药店更容易，因此郊区药店更要做好保健品的营销。

（3）乡镇单体药店。乡镇上的顾客多为熟客，都是熟悉的人，图的是回头生意，所以选择的产品价格要实惠。因为顾客群相对稳定，所以对品项的需求也较集中，品项不需要太多，为了节约成本，往往以更小的店面经营，这也正是夏杞所看到的乡镇药店情况。乡镇药店经营者为了有一份收入而开店，也不期望赚太多钱，倒是可以利用闲暇做点自己的家事，或者照看小孩等，这也可以说是一种生存智慧吧。

单体药店开在不同的地方，经营上就要有所不同。所谓适者生存，只有摸清自己所处的环境状况，找准自己的定位，才能在变幻的药品零售市场上分到属于自己的那一块蛋糕。

4. 单体药店的自我营销

D药店是F城的一家单体药店，说起D药店，很多人都竖起大拇指，说D药店很好。为什么D药店在老百姓心中的形象会这么好呢？很多单体药店的老板可能认为只有连锁药店才有品牌之说，才需要被更多人知道，真的如此吗？

其实D药店的成功运作就在于其良好的自我营销。身为单体药店，该如何让更多人了解自己呢？

（1）改变心态。开店做生意，图的就是顾客多、业绩好，所以，身为单体药店老板，应明确自己的目标。在目标的驱使下，要有想方设法改变现状的决心，如此才会有更多的行动来实现目标。

（2）多处设招牌。D店其实也位于一个社区的主通道上，社区的主通道通向外面的主干道，于是，D药店不仅在自己店门口有招牌，在主干道的位置也增设了招牌，并有距离与方向的指引。这会使很多开车或乘公交车的人知道有一家药房在附近。

（3）请中医专家坐诊。在D店，进门附近，有一位老中医坐诊，为顾客看病。同时店里面有现成的中药柜，老中医开了药方后，顾客直接就在店里面取药，如果顾客要代煎药也行，这样可以避免顾客跑到医院去。通过老中医也能增加来客数，并且在一定程度上可以增强顾客黏性。

（4）举行义诊。有时，D 店也会联合社区进行义诊，并且开展很多免费活动，如免费测血压、血糖、骨密度等，这些活动能实实在在帮助老百姓，也能树立药店的良好形象。

（5）经常联合厂家做促销活动。厂家有很多赠品资源，D 店也常会与厂家进行联合促销，做一些免费试贴、试饮、试用等活动。厂家的小赠品也是吸引顾客的一件神奇“法宝”，总有顾客会排队领取或者围观。

（6）建立顾客群。D 店有自己的顾客 QQ 群，通过群发一些药店的信息，现在也有微信群，随时与顾客进行互动，满足顾客的需求。运用现代传媒技术帮助药店改善业绩，将会成为更多药店的措施。

（7）建立自己的网站。虽然 D 店是单体药店，但是也有自己的网站，顾客可以通过 D 店的网页了解药店。

D 店的生意好，老板也经常回馈社会，参加公益活动，时间长了，就在当地形成了良好的口碑。当然，最重要的是门店要有过硬的专业服务。但是，在这个酒香也怕巷子深的年代，单体药店也需要自我宣传、自我营销。从 D 店的自我营销上可以看出，其实，单体药店只要运作好，同样能产生与连锁药店一样的品牌效应。

5. 解读单体的并购趋势

林诗是Q城H制药企业的OTC代表，笔者问她："目前你接触到的药店中，单体药店出现了什么问题?"林诗回答道："单体药店关的关，被并购的被并购，总的来说日子比较难过。上个月，一家我们本地经营得挺好的单体药店，说关就关了，以前生意那么好，也经营不下去了，唉！顾客还是比较喜欢去连锁药店买东西，虽然单体药店价格较低，但是还是……"

林诗说的问题值得单体药店同仁深思，新版GSP给单体药店经营增加了难度，未来的路该如何走?

在笔者看来，单体药店被并购其实是一种行业趋势，有以下几大好处：

（1）利于管理。连锁运营采取统一管理模式，对监督部门、制药企业等都有好处。举一个例子，T城的OTC代表曾告诉笔者，T城情况是全国最特殊的，该城市共有1800家药店，单体药店占了70%，也就是说，连锁药店不到600家。这给他跑业务带来了极大的困难，别的城市的业务员只要跑几家主流连锁就搞定了，而他就算是比人家多工作一倍的时间也跑不了同样多的店。不仅如此，药监部门在监管时，单体药店越多，越容易出现混乱，而要解决这个问题，需要的就是尽快连锁化。

（2）降低风险。单体药店加入连锁药店后，可以借助连锁药店统一的管理来提升自己门店的综合经营能力，这样可以降低风险，经营更长时间。

（3）提高用药安全性。连锁药店的管理相对而言要更规范，单体药店在经营中可能会有一些地方不规范，在用药指导上也较局限，这也是很多顾客更愿意到连锁药店购药的原因，因为他们觉得更安全。

（4）利于行业良性发展。连锁药店之间的竞争会使行业朝更理性、更符合顾客需求的方向前行，所以，连锁化越广，也就意味着行业的发展越成熟。

但这并非说单体药店很快就会减少。其实，并购是一个漫长的过程，因城市不同，其快慢也各异。单体药店也同样可以经营好，但是单体药店人员应该转变思路，不能再拼价格，而应转向拼服务与形象。因为拼价格也许能再生存5年，但是拼服务却可以长久地生存下去。

如果觉得在服务上无法做好，那么，加入一些连锁药店也未尝不是一个选择。另外，也有一些单体药店老板，自己构建5家、10家分店，自成一个小连锁药店，也是值得探索的一条路径。

6. 单体自成小连锁御风险

随着新版GSP的推进，单体药店都在思考自己的出路。加盟与被并购都是出路，但是并不是所有的单体药店都甘心俯首于连锁药店，在单体经营中就出现了一些自成小连锁药店的现象。

罗梅自己开了两家单体药店，虽然店名不同，但都是自己的。随着经营的深入，罗梅发现压力越来越大，但是她仍坚持做好自己的药店，于是在近几年陆续增开了三家药店，到现在一共有5家药店，都用不同的店名，不过其实质就是小连锁药店。

这样做，对于罗梅来说有几个好处：

（1）进货话语权重。以前只是一家药店的时候，要进货总要等较长时间，而且医药批发企业嫌量小还不高兴送。现在一次要货量较大，配送非常及时，而且批发企业也不敢小看。

（2）相互调货方便。对于药店来说，出现顾客紧急团购或紧急要某件商品的情况也是有的，有兄弟门店互相帮衬，缓解了货源压力。而且，门店之间的效期可以相互协调，这家不好卖的，在另外一家可能较好卖，这样也有益于解决效期商品。

（3）降低风险。经营成本的增加迫使一些药店关门，而药店经营的好坏，除了门店人员的因素外，选址是否好也是一个因素。在不同的连锁药店，门店亏损的比例也都不小，减亏是一项艰巨的任务。但是，因为一些连锁药店的分店经营得较好，能承担部分亏损门店的压力，所以，连锁经营能降低风险，而自成小连锁药店也同样可以抵御风险。

那单体药店老板在构建自己的小连锁药店时应注意哪些问题呢?

（1）合理布点。靠近兄弟门店，在经营时相互支持更方便，所以，在布点时，应相距不远，连成片，逐渐向四周扩散。当然，这也面临一个选址难的问题，因为好的店址往往会被对手先期抢驻。不过，这并不能成为构建自家连锁药店的路障，只要用心找，总能在合适的地方找到自己的位置。

（2）仍需坚持差异化。对于单体药店来说，将来可能越来越需要差异化经营。这种差异化，可能是经营一些局部地区的广告品种，也可能是走新特药路线，如果只是想以价格来与连锁药店抗衡，只是在自掘坟墓。

（3）立志高远。有很多单体药店有了小连锁药店的局面后就止步不前，其实，这样的现象并不会维持多久，如果想要长期生存与安稳下去，只有让自己更强大起来。据笔者了解，目前排名在前百强的连锁药店，有不少刚开始就是一家单体药店，后来逐渐壮大，发展成有一两百家分店的连锁药店。可见，世事变迁，什么情况都可能会发生，但是守着现状结果只有一个，那就是将来无以为继。

当然，持续的专业化服务、构建小商圈内第一品牌等，这些也是单体药店可行且长久的战略。未来单体药店向网店发展也并非不可能，只要顺应时势，不空等、不傻想，有所作为，则单体药店在药品零售市场中不可或缺的地位与份额，都将在神州大地长久地存在。

7. 多元化之路要慎重

唐平自己开了一家药店，经营了几年，还算不错。唐平想拓展自己的业务范围，他看到不少连锁药店都在走多元化的道路，觉得自己也可以效仿一下，于是购进了不少生活用品与个人护理用品等。刚开始还有些老顾客会问，但是后来问的人越来越少，买的人则更少了。时间长了，因为生活用品保质期相对较短，所以，唐平就转为自己用了，有些索性就送给顾客了。看来唐平走多元化之路并不顺利，这是什么缘故呢？

唐平模仿连锁药店的经营模式，看似没有错，但是为什么没有经营好呢？

（1）单体药店没有品牌优势。连锁药店因其连锁经营，在老百姓看来更值得信任。事实上，即使是连锁药店，开始走多元化之路时，经营生活用品也会遭顾客非议。顾客认为他们“不务正业”，什么都卖，也不怎么乐于接受，只是因为连锁药店通过营销行为影响了老百姓，老百姓逐渐接受了。对于没有品牌优势的单体药店来说，药店对老百姓的吸引力还是在“药”字上，他们对于单体药店经营的生活用品等会持更加怀疑的态度。

（2）没有价格优势。本来顾客都是在超市购买生活用品、日用品等，超市的价格也较实惠，单体药店与超市相比并没有价格优势，采购起来成本也高，而且销量小。

（3）缺乏经验。对于单体药店经营者来说，他们大都没有多元化发展的经验，只能凭感感觉，摸着石头过河，所以成功的可能性也更小。

受这样一些因素的制约，单体药店在拓展业务范围时，应慎走多元化之路。当然，这时候，很多人都会问："竞争如此激烈，那该走什么路呢?"笔者建议，不妨尝试一下差异化，当然，以药品为主。

（1）培养某一个类别的品种。单体药店如果要扩充品项，全面扩充的可能性不大，因为成本过高。但是可以对附近竞争药店进行调查，看看其他药店缺哪些药品类别，或者哪些类别较少，则自己可以着重扩充这些品项，重点培养，以这一类别来锁定一部分顾客。比如，扩充儿科用药，尽可能齐全；还有医院开处方出来的较新的品种、顾客在其他地方购买不到的品种等，这些都是现实的机会点。

（2）降低慢性病药品的价格。对于很多连锁药店来说，他们的慢性病药物价格不会太低，一般也就只有几款商品价格较低，以此来吸引顾客。而单体药店可以通过全面降低慢性病用药价格，稳定住长期服药的顾客。

（3）尝试些"零风险"产品。对于药店来说，风险主要在于药品的效期，如果能经营一些效期长的产品，则这种风险就很低了。那有哪些是"零风险"的产品呢?比如，医疗器械，像轮椅、坐便器、拐杖等。还有很多"零风险"的产品，可以经常到其他药店走走学习一下。

单体药店生存并不易，而要发展则更需要智慧，但是只要肯钻研，总能找到自己的方法。因为，单体药店有自己独特的灵活性，这是连锁药店所不能比拟的。

8. 单体药店应“居安思危”

阿润自己开了一家单体药店，经营了五六年，因为市口好，生意还不错，阿润也开起了小车。但是人生总会出现一些意料之外的事，今年市政拆迁，阿润开药店的位置不巧在拆迁范围。因为阿润是租的店面，也没有得到什么好处，只能关门，另谋新址。但是，现在好的位置都被连锁药店或者其他单体药店布了点，一时间也找不到合适的店址，这令阿润一下子找不到方向，很是困惑。

阿润该何去何从呢？事实上，阿润所遇到的情况虽然少见，却反映了一个问题，那就是单体药店经营者的危机意识需要加强。而事已至此，无力回天，阿润只能从这件事中吸取教训，避免重蹈覆辙。那么可以吸取哪些教训呢？

（1）单体经营者应开自己的分店。很多单体药店经营者开店后，当经营得不错时都会很开心，只期待生意能一直保持下去就可以了，但是，市场环境随时会发生变化，单体药店抗风险力与连锁药店比要弱很多。以阿润遇到的这种情况来说，如果是连锁药店遇到拆迁，其实影响不大，因为有其他门店支撑着，而且拆迁后，以后要开店，只要迁址过去就可以了，但是对于单体药店经营者来说却是灭顶之灾。

俗话说：狡兔三窟，其实，对于经营单体药店的同仁来说，如果第一家店经营得不错，有了经验，就可以复制到其他的店上。虽然并不一定像连锁药店一样开很多，但至少可以多开几家，这样彼此之间有个照应，可以降低经营压力与风险。

笔者曾走访过一些单体药店，发现一些单体药店老板非常聪明，他们都不止开一家店，而他们的其他分店取的是相似店名。比如，都是什么堂等，虽不是连锁，却能同进同退。

（2）要有危机意识。要规避风险，关键还在于要有危机意识。当自己的药店经营得不错时，切莫骄傲，也不应停止不前，而应居安思危，考虑一下怎么做得更好。比如，改善门店形象、扩充品类、拓展商圈、增加附加值服务等。这样就能强化现有的地位，使药店经营一直保持良好势头。

（3）找到自己的优势。Y 药店是一家单体药店，而且可以刷医保，按理来说应该能长久开下去，但是因为所在商圈竞争太激烈，几百米内有四五家药店，Y 药店挣扎了两年关门了。可见，要生存，要发展得更好，应找到自己的独特之处才行。这对于那些目前经营得还不错的药店来说是一个警告，说不定哪一天，别人就在你隔壁开一家药店了，所以一定要清楚自己的真正优势在哪里，只要做到了别人做不到的，就会有更强的生命力。

当然，还有其他的方法，但关键是单体药店经营者需要站在更高角度来看自己，不能只局限于小天地里面。有优势、知危机、善经营，有这样的想法在自己心里面，才是恒久的财富。

第七章

Chapter 7

单体药店的经营学问

1. 药店怎样稳客流

美娜自己开了一家药店，开业时，生意还不错，但是随着时间推移，顾客渐渐少了。美娜以前在连锁药店打工的时候有很多熟客，但是自己开药店后顾客总不稳定。美娜想：这里面一定有什么问题。

是的，自己开店遇到了客流不稳的问题，这对于单体药店来说很常见，让我们一起来分析一下。

对于单体药店来说，引起客流不稳定的原因有以下几个：

（1）没有品牌优势。单体药店势单力薄，顾客对单体药店的信任度偏低，而连锁药店因其有一定的品牌影响力，老百姓觉得放心。说得简单一点，就是顾客觉得连锁药店不会一下没有了，而单体药店一旦经营不好可能会随时关门，没有保障。因此，顾客在单体药店购药不太放心，只有经营时间长的单体药店才会累积越来越多的老顾客。

（2）没有会员制度。大多数单体药店不会像连锁药店那样办会员卡，一是成本高，二是没有时间维护，将顾客资料录进电脑也要花时间。所以，大多数单体药店并没有会员制度，因此也就很难做会员营销。

（3）少增值服务。一般来说，不管是连锁药店还是单体药店，大都能做到为顾客免费测量血压，但是单体药店其他的增值服务较少。顾客很难享受其他快捷服务，如拉卡拉、联盟商店的会员折扣、免费的健康杂志等。

其实，要想让更多顾客进店，需要给顾客一个进店的理由，也就是说，需要为顾客创造更多的附加值，让顾客进店不只为了买药，还能收获更多。因此，单体药店想要增加并稳定客流，可以从以下几个方面入手：

（1）提供更多免费服务。除了常规的免费测血压，还应经常开展免费活动。比如，测血糖和骨密度，简单的理疗，免费称体重，免费分发医药杂志，如《大众健康》、《家庭医生》、《父母必读》等，这些项目对顾客有着不同程度的吸引力。

（2）建立会员制度。即使难，也应建立会员制度，给会员提供相应的折扣优惠与积分兑换，这些可以稳定不少顾客。另外，定期对一些 VIP 顾客进行回访，能起到巩固客户关系的作用。当然，这样做的确辛苦，但是要开好一家店本来就不容易，要想经营好，更要多花心思。

（3）建立某种优势形象。要想让顾客进店，一定要有独特之处。这要根据药店所在商圈定位，是定位在低价吸引顾客，还是以更强的专业能力吸引顾客，抑或是以齐全的品项吸引顾客等。不论是何种定位，一定要有自己的特色，如果与竞争药店比没有任何优势，自然无法留住顾客。

（4）更好的服务态度。在这点上，应该以更高的标准要求自己。服务好可以减弱顾客对价格的抱怨。最重要的是，做生意和气生财，和字主要体现在服务态度上。

顾客需要我们用心经营，如果来一个流失一个，这样的生意会越来越难做；而来一个，再介绍两个，这样的生意则越来越容易做。

2. 商品配置四原则

美松是三家药店的老板，他目前最大的困惑就是商品结构怎样才合理。连锁药店的商品结构模式对于单体药店来说并不一定适合，而自己又遇到了业绩的瓶颈，虽然有三家店，但是美松仍担心将来生意不好做，于是想从商品上着手去改善。

美松能意识到商品结构的问题，这一点对于单体药店老板来说已很不易。多数单体药店人员都纠结于人员、促销、价格等，其实，对于一家药店来说，商品结构是否合理，将决定来客数的多少。那对于单体药店来说，商品配置需要遵循哪些原则呢?

（1）商品在精不在多。单体药店的库存品项数不能像连锁药店那么丰富，能在1300个左右已很不错了。连锁单店一般在2000个左右，多的达到了3000个甚至4000个。品项多虽可在更大程度上满足顾客的需求，但是库存压力也大。一般来说，单体药店要将品项集中在常见病、常用药、动销快的品种上，但是对于具体品种要仔细分析，要精，而不是随意进某一件产品。精，在于思考产品对门店的毛利贡献的同时，要考虑产品的质量与顾客使用效果。对于顾客反馈效果一般的产品及时汰换掉，换性价比更高的产品，这一点需要单体药店人员不断反复跟进门店产品的品种，因为，单体药店不像连锁药店那样有强大的质量管理体系与前期考查。

（2）特色产品不可少。单体药店要有核心竞争力，也需要培育一些特色产品，比如，独此一家的产品或者现有药店经营中缺失的品类，或者是特别符合自己商圈的产品。笔者曾在一家单体药店看到过助听器专柜，而且销售良好。有的单体药店正好在学校附近，就要结合学生的具体情况有针对性地选择适销品种。

（3）毛利品牌需均衡。对于很多单体药店来说，抓毛利是首位的，不过，在产品上过度追求毛利会伤客，保持合适的品牌产品能有效留住一些老顾客。同时，在陈列时，也需要将品牌与高毛利产品相关陈列，如果顾客进店看到的都是自己没有听说过的产品，顾客也会产生离店想法。

（4）重点培养见成效。一些药店人员认为药品是顾客来要的，自己怎能培养出来呢？其实，只要通过合理的方法，门店的商品是可以培养出来的。也就是说，我们想卖某些重点产品，是完全可以卖出来的，而不是依靠顾客来点购才能卖出去，这里重点产品的培养就非常重要。

药店在经营过程中，要抓好重点产品，可以通过陈列、标识、卖点培训、促销、奖励等方式卖旺某些产品，也可以由老板亲身体验、家属使用后感受、顾客使用案例的交流来带动门店销售的热情与积极性。笔者在一线工作时，为了培养某些产品，会自己先购买，用一下要推荐的产品，然后将用后的体会告知同事与顾客。对于不方便试用的产品，则会特别留意顾客用后反馈。

其实，单体药店的商品结构配置要多费心思，因为，多数单体药店人员常常忽视了这一块。也许，当我们开始用心研究店内商品结构，并做出调整时，我们的业绩将跃入一个新的台阶。

3. 建立标准化制度

近期笔者给单体药店的同仁做了一场培训，在近一百位学员中，笔者收集到的经营困难问题有很多。突出问题为人员难管理，骨干员工难培养，员工的积极性不高、没有激情、流动性大，门店业绩长时间没有增长，不知如何设立奖励措施，效期短的商品过多，POP 不会写，空间管理不知如何做，陈列美观性差等。这些问题看起来很杂，但其实仔细分析一下，核心在于门店没有标准！

对于单体药店的老板来说，除了质量管理制度是统一的、标准的，其他方面则少有标准的手册，多数是以"老板"为标准，以"人"去管人，员工操作流程多较随意。因为没有标准，所以也不知道怎样做是好的，直到出错了，老板骂了，才不敢做，但是员工有多少机会去试错呢?

员工的积极性不高，原因并不在于员工本人，而在于有没有有效的激励机制；门店效期短的产品过多，在于没有针对商品效期的管理措施与促进销售方案；空间管理与陈列要做好，也不是依某个人的美感去做，而是有陈列原则，有章法可依，才能做好等。所以笔者建议，单体药店的同仁也应建立标准化的制度，以制度去管人，轻松且有效。

（1）建立员工考核制度。对于单体药店来说，最头疼的问题就是对人的管理。因为每一位店员在单体药店都很清楚，自己没有发展的平台，只是暂时栖身于此，等到时机成熟，必然另择良枝。因此，单体药店应设立一个员工的考核制度，应包括具体的奖罚措施，特别是奖励的台阶设定，每个班上完成多少销售任务可以拿到多少奖励，这种奖励可以每周兑现或每月兑现。

考核制度中也要包括店员、药师与店长的岗位职责，虽然这些是无形的，但是让员工清楚自己在药店里面的职责，就是在向员工传递一个标准管理的信号。

（2）人事制度。单体药店虽不必像连锁药店那样有非常完整的人事制度，但是也应有最基本的人事规章，比如，办公规范、考勤管理、工资政策、社会保险，假期管理、福利政策、培训发展、劳动合同等。这些文件资料放在店里面会让员工放心，他们会知道自己服务的单位是遵章守纪的，而且也清楚自己能得到什么，这样他们也才会定心。

（3）操作流程规范。员工上班，应该有一个操作流程，从开门营业准备到结束打烊，从收银操作流程到补货、来货验收等，店里面的每项工作都按标准去做，则可规避许多问题。有了流程规范，即使员工流动，也不会产生太大影响，因为每位员工都会按照流程去做事。

（4）行为规范与标准话术。一家店就是一家企业，员工在店里上班不应像在家里一样随意。而事实上，很多单体药店的员工就是太随意了，这样便很难形成一种销售氛围，也很难取信于顾客。员工在店里有相应的行为规范，仪容仪表、着装要求等，在导购时，员工也有统一的标准话术，则会在顾客心中留下好的印象。

（5）单体店也需要文化。每一家单体药店都应营造自己的文化氛围，这种文化可能只是一句简单质朴的话，也可能是老板自己的某个梦想或者想法，但是有了文化，门店才会有生命。文化的内涵宜用文字的形式张贴出来，在布置门店时，也应与自己的文化相吻合。很多单体药店的老板都觉得没有必要在意这些，因此，这些单体药店也总是陷入经营的困境或者发展很慢。有了企业的文化，单体药店就有了可以连锁化的雏形与动力，也就是说更容易做强做大。

有了制度，要依照制度去进行管理，而不是以老板个人的意志进行管理，这样制度才会有效。对于单体药店的困境而言，其实，突破点在于老板是否去思考门店的问题，并且不断总结出好的方法解决问题。这样不断循环，方能形成自己的竞争力，否则一直想着怎样与隔壁药店竞争、要不要降价、怎样让员工多加点班等，都是不会有太大成就的，并且会很难走出困局。

4. 做好数据管理

黄崎在学校对面开了一家日用百货店，经营了两年，亏损了，只好关门大吉。但是，在黄崎父亲看来，这是一个很好的市口，没有经营好，是因为黄崎平时根本就不理账。比如，销售商品不记账，库存也不定期盘点，也没有收银机，平时的营业款直接往抽屉里面一塞等。按黄崎自己的话来说，反正都是自己家的钱，有什么好算的？赚到的钱都是自己的，所以，黄崎每天营业结束也不算当天的营业额，赚多赚少都不清楚，可以说是一笔糊涂账，结果也就可想而知了。

很多药店人员看到这样的案例可能会说："不会吧，怎么会这样做生意呢?"但是，其实一些单体药店的老板也如黄崎一样，对数据很淡漠。引起这样的原因主要有以下几点：

（1）不明白数据管理的作用。可以说，作为药店的经营者，不仅要在用药指导上用心，也要在心里面有一个精准算盘才行。对店里面收支情况、商品库存情况、盈亏平衡点，来客数与客单价、高毛利商品销售占比、会员资料等都要有数，如果真是什么都稀里糊涂，是不可能经营好药店的。因为，数据是理性与客观的，单凭感觉来估计是拿捏不准的。也就是说，要做好生意，就要对数据很敏感，通过数据来看结果才知道药店经营状况，并且可以采取合理措施来改善，以使经营结果朝更有利的方向发展。

（2）人手不够。大多数单体药店经营都是夫妻两人店，很多药店甚至就是老板自己一个人在上班，或者请一两个人上班。总体来说，人员偏少，因此，就觉得没有时间去理这些数据。

（3）认为做生意就是“望天收”。很多单体药店经营者并没有给自己下指标，一些药店经营者认为，生意好坏影响的因素很多，生意好了，不用你算也能赚钱，要是选的店面不好，那自己再怎么算也没有用。持这种想法的人估计还不少呢。其实，如果真的生意好，通过计算，清楚好在哪里，才会更好。而如果生意不好，那就更要清楚自己的处境，及时改善或者尽早迁址甚至闭店。

只有意识到数据对于经营的重要性，才会真正去做好数据管理，具体来说，可以从以下几方面做好数据管理。

（1）目标。单体药店也应给自己每月每周每天定一个营业指标，可以细化到某些商品上，有压力才会更接近目标，使药店进入良性数据循环。

（2）做好简单的报表。计算每天营业款项多少，其中高毛利商品占比多少、来客数与客单价分别是多少、商品库存情况怎样、效期商品库存金额有多少等，这样就能清楚自己今天是赚了还是亏了，也清楚自己接下来的重点工作方向在哪里。

（3）由专人做。也可以招聘专门的财会人员，对店面的财务情况进行分析，这样对药店的经营来说是有利的。

（4）学习基础会计知识。也可学习基础的会计知识，会理账、会进行成本分析、懂得收支平衡等，有了基础的会计知识，对药店经营情况就了如指掌。

在笔者看来，对于单体药店来说，不能因为提取数据有难度就因此放弃了数据管理，而应想办法克服困难，才能打好单体药店的如意算盘。

5. 如何提升客单价

辛华开了一家单体药店，来客数不少，一天有100多次交易，因为忙不过来，请了几个店员，但是生意总是很平淡，营业额也没较大提升。辛华分析了一下，原因主要是客单价太低，平均客单价只有十几元，这令辛华很着急，但是辛华也不可能一天到晚待在店里面，更不可能都靠自己来导购。

对于辛华遇到的这种问题，在连锁药店较少见，但是在单体药店却很常见，就是客单价太低，只有十几元的客单价，意味着员工在导购时丢失了很多机会。但是，对于单体药店来说，在提升客单价上又与连锁药店不同，连锁药店可以通过不断地培训、相对完善的考核体系等来推动客单价的提升；而对于单体药店来说，全凭员工的心态与能力，因此，在单体药店中，提升客单价的方法要更实际一些。

（1）“傻瓜”式培训。对于单体药店来说，没有谁有那么多时间来做培训，培训应简单易行，看得见实效。可以提供“傻瓜”式培训，就是提供常用药导购模板，让员工就按照那几种药来进行关联，提供一些常用药关联的方案。这看起来很机械，但是对于单体药店来说却有实际意义。

（2）制作关联提示插卡。在动销较快的品种边附上与之相关的其他的药的说明或者温馨提示，通过这种插卡提醒员工，同时也提醒顾客。但是最主要还是需要员工导购时借助这种插卡来说服顾客。

（3）当班奖。辛华每隔半年会给员工加一次薪，但是这种方式让员工感到太遥远，对于员工来说，每个班能赚多少钱才更实际。所以，通过设立每个班的指标，并且设立“台阶式”的奖励制度，鼓励员工通过提升客单价来提高业绩，当班业绩越好，也就能拿到更高的奖励。这种现金刺激的方式能调动员工的积极性，不过需要引导，不能乱推荐。

（4）天天满额送。这种方式是针对顾客进行的，可以在收银台摆一些具有吸引力的赠品，要让进店顾客看了想要。所以，选择的赠品要新颖，并且通过 POP 告知顾客，提示顾客买满多少可以得到这种优惠。当然，以辛华的店来举例，因其客单价较低，这种满额的金额不能定得太高，可以设为满 38 元或 48 元即送。

（5）做捆绑特价。通过产品与产品之间的关联性，设定这些产品组合在一起的特价。比如，妇炎康片与栓剂组合在一起比单买某一个品种便宜得多，这种硬性组合也能引导顾客购买更多产品。

当然，其他的如疗程用药插卡也可以用。这些方法因为操作起来较方便，更适合单体药店去做，所以，单体药店在经营中要去摸索适合自己特点的方法，这样才会奏效。

6. 秋冬促销怎么做

洛喜是一家单体药店老板，已经工作七八年了，促销对于洛喜来说并不陌生，只是时代在变，促销的效果也在变。洛喜记得多年前一次促销会引来很多顾客排队，但是现在已大不如前，特别是对于他这样的单体药店来说，促销之路变得更加难走。

洛喜遇到的促销难点有以下几个：

（1）促销成本高。与以前相比，洛喜觉得现在每场促销的赠品档次更高，而且需要做更多的DM单宣传，人手不够。有时还要雇人发单页，降价的幅度也比以前大，有的产品在促销时是亏着卖的，没有免费测血糖等服务则更难吸引顾客来店。因为连锁药店都能做到这些，而自己要做却并不容易。

（2）促销效果差。常常几天促销下来，营业额是好了些，但是掰指头算一算毛利，却没赚多少，有时还是负毛利，可见顾客也都是算好了来买的。

（3）促销人手紧。虽说促销时顾客并不多，但是比平时多一倍的顾客也常会令店员很忙碌，作为单体药店，哪来那么多员工支援呢？

（4）促销后低迷。在促销后，单体药店与连锁药店一样会出现一段时间的低迷状况。有些顾客是慢病顾客，一次性买了较多的量，下一次购买往往要半年以后。

类似的难点让洛喜在考虑促销时常常有“鸡肋”之感，做也不好，不做也不好。那单体药店该如何用好“促销”这一药店常用之招呢？目前正值秋冬之季，笔者结合季节特点给出以下一些建议：

（1）做“微”促。对于单体药店来说，要知道自己的长处与短处。连锁药店可以大张旗鼓地干，因为他们有资源，而单体药店需要抓好每一位顾客。建议在门店常设满额送的赠品，只需在收银台张贴海报，告知顾客满多少可以得到什么赠品即可，这样可以充分挖掘每一位到店顾客的潜力，当然店员在收银时也应主动提醒顾客。这样的“微”促并不需要增加人员，简便易行，值得提醒的是，应选择对顾客有吸引力的赠品。

（2）联合厂家做营销。这里的联合厂家不是请厂家来支持一次，而是与一些厂家合作，在自己店里面做专柜。比如，S 厂家有较多的 OTC 品种，如十个以上，可以在门店分出一些专柜专门做这个厂家的产品陈列与展示，促销时也可以在 DM 单上宣传厂家的产品，这样可以争取到这些厂家更多的资源支持。

（3）做“黄金单品”。单品营销对于单体药店来说更有意义，但是很多单体药店往往忽视了，比如，在秋冬滋补季节，对于阿胶，单体药店往往反应冷淡。其实，只要在门口摆摊熬膏，从 POP 到门店的进门端架陈列等都步步为营，做好这一单品并不难。类似的“黄金单品”还有红枣、药酒等。

（4）小商品是宝。秋冬护肤类小商品如尿素霜、甘油、护手霜、橄榄油、唇膏、爆拆灵等，这些商品放在店门口就能吸引顾客。如果这些商品在店门口附近都看不到，那我们还卖什么呢？

单体药店的促销应该与连锁药店的促销区别开来，要想到自己门店独有的特点，在本来品项并不是太多的情况下，就完全需要通过一些季节性的商品来赢得顾客。同时，门店有足够的空间，完全可以给一些厂家做多品项经营的专柜，如此才算是把门店的资源用活。

7. 单体药店怎么卖营养素

霍想在进H连锁药店时就想着要学一些经营药店的方法，在H连锁药店工作了三年多，也算是基本熟悉了怎样经营一家药店，于是，霍想自己开了一家药店。在药品经营这一块，霍想借由自己在连锁药店工作的经验，还算能抓好毛利，但是难就难在营养素的销售，他觉得比在连锁药店要难卖，这是怎么回事呢？

与霍想一样要面对这个难题的还有许多的单体药店人员，事实上，不少单体药店放弃了营养素的销售。这是很可惜的，因为，营养素的毛利高，而且单价也高，对于药店的经营来说起着很重要的作用。那为什么单体药店难卖营养素呢？

（1）引进品牌难。大多数有一定品牌形象的营养素生产企业往往会选择与连锁药店合作，单体药店要引进较难，且成本也高，所以，引进的品牌一般知名度都较低，而且即使引进，品种少且品牌数也少。连锁药店则会引进较多品种，且品牌数也多，连锁店之间品种可以互调，解决了部分滞销品种问题，且品牌宽会吸引更多顾客进店。

（2）顾客相信难。单体药店因自身的影响力有限，所以，顾客对其销售的营养素也不太相信。

（3）员工推荐难。因为没有对员工进行系统化的训练，员工的营养素知识浅，无法说服顾客。

受这些因素影响，不少药店就选择不卖营养素。但是这等于白丢失了挣钱的大好机会，其实只要方法得当，并不是做不好的。笔者建议可以采取以下一些措施：

（1）引进畅销品种。根据笔者在门店一线多年的工作经验，有一些品种较好销售，如深海鱼油、卵磷脂，液体钙，褪黑素、天然维生素 E、天然维生素 C 咀嚼片、胶原蛋白、芦荟软胶囊、天然 B 族、多种维生素、氨基酸、儿童钙片、鱼肝油等。其实只要能抓住这样一些好卖的品种，也非常不错了，关键是品种相对集中，对员工来说较易掌握。

（2）多处陈列。除了在正常的货架上陈列营养素外，应在收银台等处做特殊陈列，这样易于引起顾客兴趣，也方便员工推荐。

（3）引导顾客网上查询。当员工对营养素知识讲解得并不是很清楚，而且一时也提升不了时，可以让员工引导顾客在网上查询这些产品的企业网页。现在手机都能上网，很方便就能查询到相关营养素的作用与企业信息，这样能帮助员工说服顾客。

（4）建立自己的营养素顾客档案。单体药店要想做好营养素销售，建立 VIP 档案也是必不可少的方法。定期电话维护、向顾客提供咨询、提醒坚持服用等，这些措施可以培养忠实的营养素顾客，这样店里面的营养素才会越卖越好。很多药店营养素越卖越差，很大程度上是因为没有维护，顾客流失太快所致。

单体药店在经营中的确要独自面对更多的问题，但是逃避与放弃等做法并不可取。根据市场的具体情况找到方法，则同样可以取得营养素市场自己的份额。

8. 店内顾客教育会

罗梅自己开了一家单体药店，正面临着来客数逐渐下降，不知该如何改善的问题，很头疼。以前罗梅在连锁药店工作时，经常会有厂家举行一些健康教育活动，确实对稳定客流有很大帮助。但是，对于罗梅的单体药店来说，似乎很难去做这一项工作。

罗梅联系了 H 厂家，H 厂家的业务员说场地是最大的问题，其他的厂家都可以解决，比如投影仪、礼品等。场地问题抛给了罗梅。

罗梅的门店面积近 100 平方米，除了商品陈列，还有一块是健康咨询区，这一区域较大，平时也只是用于给顾客量血压等。罗梅算了一下，如果摆凳子，可以放下 20 张左右，为什么不利用自己门店现成的资源呢?

经过与厂家的沟通，罗梅成功策划了一场店内顾客教育会，具体操作如下：

（1）选定主题。为避免出现人员太拥挤的情况，只针对某一类疾病的老顾客进行，比如，心脑血管用药顾客或者糖尿病顾客等。在确定了某一类疾病的顾客后，罗梅与厂家业务人员进行了分析，选定顾客最感兴趣的一些话题，并准备了小册子，以方便顾客自行阅读。

（2）宣传。罗梅通过短信、电话等方式告知顾客在某一天会请专业人员在店内进行健康讲座，时长为一个小时。罗梅只针对重点顾客进行宣传，同时确认顾客是否能来，并告知来的顾客当天可以领到一份礼品。

（3）商品准备。虽然只是店内教育，但是罗梅也考虑到要帮助门店产生业绩。不过并不强求，而只是以特价的方式吸引顾客，比如，购买6盒产品可以享受某种优惠等。所以，罗梅也对这些重点商品进行了备货。

（4）氛围布置。为了营造出良好的氛围，罗梅从吊旗到海报、从气球到爆炸贴都做了精心的制作与准备，门店从外面看上去也很热闹。

（5）人员准备。考虑到活动当天虽然只是教育，但是可能也会较忙，于是罗梅安排员工在重点时段全员都要在店，同时请厂家安排了两个人来。

经过精心的宣传与准备，活动当天，一共来了22位顾客。顾客听了讲座后，反馈说这次活动对自己很有帮助，希望能经常做这样的讲座，当天也有一些顾客因此买了重点产品。这次活动让罗梅看到了希望，对顾客来说也是有收益的，而且简单易行。事实上，即使厂家不来，罗梅自己也可以讲这样一些知识的。

下面对这种店内顾客教育会的可行性进行分析：

（1）方便顾客。因为都是住在附近的顾客，到店非常方便，这种将健康教育送到家门口的方式对于顾客来说很有吸引力。

（2）避免资源浪费。有很多厂家会与社区合作在居委会进行大型讲座，效果也不错，不过，也有很多顾客只是来拿礼品的，一次大型活动意味着需要投入很多。而门店场地是现成的，并不需要场地费用。

（3）精准定位。因为人员所限，每次选定的顾客只是某一类疾病的重点顾客，因此这种教育对门店来说更有实效性。而每次教育的顾客与内容都可不同，即使每个月举行一次，一年到头也不会重复。

（4）实效性强。因为就在店里面，操作起来很方便，还能带动销售，这对于本身客流就不多的单体药店来说，有实际意义，既可以集客，又能稳定客流。

这种店内教育会与大型健康讲座不同，大型讲座适合于连锁药店开展，而店内教育会更适合于单体药店，当然，连锁药店也可以采用。这种店内教育会，实现了顾客与药店的互动，而不是仅局限于买卖关系。店内教育会有从深层次满足顾客的需求，并进而提高顾客忠诚度，实现药店公益价值和稳客流、提业绩的多重作用。

9. 单体药店培训谁来做

林清自己开店以来一直经营得还算不错，目前已经是三家药店的老板了。前一阵子，林清想通过一位厂家的业务员邀请一家连锁药店的培训师来讲课，培训师要先做一下培训需求分析，但是林清觉得太麻烦了。在他看来，自己的几家店营业人员年纪都偏大，都是四五十岁的阿姨，没有什么好分析的，只要教会她们一些专业导购技能就可以。后来，培训的事因为忙也就耽搁了，但是在林清看来，的确需要对员工进行一些培训，可是又不知道怎样做才好。

事实上，在国内单体药店占比仍然较大，而且这种现状还会维持相对较长的时间。但是，绝大多数单体药店面临的问题如林清一样，就是没有人来给店里的员工培训。很多单体药店的员工一年到头都没有参加过一次培训，这样，单体药店的员工成长的空间与机会就较少。

当然，很多人会说，大多数单体药店都是老板自己看店，没有员工。即使如此，自己看店的单体药店老板就不需要学习新的知识、接受更多的信息与培训吗？如果把自己“关”起来经营，很容易被市场淘汰。再说，仍有不少药店人员是在单体药店打工，他们也希望自己不只是为了赚一份工资，也希望能有所成长，即使在职位上得不到晋升，至少希望自己能在能力上得到提升。否则，单体药店的打工者，离职率也会较高，事实上也的确如此。

引起单体药店培训难的原因有以下几方面：

（1）较难集中。单体药店较分散，要做培训较难，不像连锁药店那样可以通过管理层级逐一下放与告知。也就是说，连锁药店可以通过管理人员一层一层地向下传递培训信息，也可以通过管理人员通知员工集中到企业培训室来培训，都较易操作。单体药店的工作人员要集中，集中在哪里培训、场地由谁负责、由谁来讲等一系列问题都需要解决。

（2）单体经营者不重视。可以说，单体药店的经营人员心思基本都放在生意好坏上，极少考虑到员工的培训与成长。

（3）单体药店人员多为自己人。在行业内，也的确存在这样的事实，不少单体药店里的工作人员都是老板的亲朋好友，平时有什么事都如聊天一样地讲讲，不会以培训的形式来进行。

（4）成为遗忘的角落。很多厂家做培训，一般都是找连锁药店来做，因为容易召集，而且培训会有成效。而药监部门也没有那么多精力，专门组织人员经常性地为单体药店进行培训，一般也只是进行岗位知识培训，但是次数有限。所以，从目前来看，单体药店的培训成了大家遗忘的角落。

这种状况要改变并不容易，但并非没有可能，其实也可以从以下几方面着手改善：

（1）药监部门给予更多关注。单体药店的比例仍很大，所以，做好单体药店的监管与培训工作意义重大。而且，药监部门组织单体药店培训较易执行，即使要求上交相应的培训费用也是能接受的。值得注意的是，应多组织单体药店工作人员进行提升专业能力的培训，专业能力对员工本人、顾客、药店与社会都有益处。

（2）店内带教。这一方法不仅适用于连锁药店，同样适用于单体药店。需要注意的是，经营者要处理好两个问题，一是单体药店的带教老师谁来做，二是用什么来激发带教老师的带教热情。如果是自己人还好说，如果是外来员工，则可能需要责任心加上一定的岗位补助才会有用。

（3）单体联盟来帮忙。如有可能，成立更多的单体联盟，这样信息可以及时共享，同时培训也较易操作。

（4）利用现代化信息手段。如果能建立在线教育平台，要求单体药店定期通过网络参加相应培训，则可以规避场地等问题。

（5）单体药店人员自己学。事实上，现在网络方便，而且与药店相关的专业报纸杂志都不少，如《21 世纪药店》、《医药经济报》等，自己坚持学习，同样能提升能力。

单体药店的培训关系着很多单体药店人员的成长，更关系着老百姓的用药安全。笔者呼吁，做好单体药店培训，不仅需要单体药店经营者舍得，也需要单体药店人员、厂家与药监部门共同参与，这样才能做得好。其意义非凡，任重而道远！

10. 给员工一副“金手铐”

何老板有一份工作，但是因为自己也是学药的，便同时开了一家药店，请了店员，开的工资在当地平均水平线以上。按何老板的说法是：给员工的工资还算是可以的，但是员工就是留不住。人员流动太快了，怎么办呢？

何老板把这个问题抛给笔者，笔者帮他做了一下分析。单体药店与连锁药店不同，人员流走的原因主要有以下几点：

（1）没有前途。对于到单体药店工作的店员来说，他们大多都是抱着暂时先工作一段时间的想法，一般不会留下来为某一位老板长期打工。为什么呢？因为他在店里面最多能当一名店长，但是在一家单体药店当店长有什么发展前途呢？职业发展遇到了瓶颈，没有更好的发展平台，于是店员都只是将单体药店当成职业生涯的一个驿站而已。

（2）工资吸引力不强。虽然何老板给店员的待遇确实要高于平均水平，但是这个高也是有限的。对于店员来说，增加的那部分收入无法令其忠心耿耿地为单体药店的老板卖命，也不会令其成为长期工。因为，总体上来说，他们的收入仍是有限的。

（3）在单体药店学不到知识。店员进入单体药店，大多数都是自学成才，老板自己事情就很多，也不会全心来栽培店员。所以，一般来说，店员所做的工作只是“拿药”给顾客，并没有更多的专业推荐与关联等。这也与店员学不到这方面的知识有关，表现好的往往都是自学成才。

除此之外，单体药店没有办法提供完善的福利、满足员工更多层次的心理需求等，因此也必然导致店员都只是一位“过客”。如果想要真正长时间地留住好的员工，笔者建议：

（1）老板的心态要开放。在与店员相处过程中，大多数单体药店的老板对店员都是不放心的，这种心态会自然而然地表现在平时的言行举止中，这些表现对店员非常具有“杀伤力”。店员觉得自己只是一名打工者，老板并没有把自己当成“自己人”，因此很难交心，也更难长留。所以，单体药店的老板要学会开放心态，合理授权，充分相信店员，这样也将会收获店员对自己的认同与更长的合作时间。

（2）利润分成是根本。何老板说到，他每半年会给员工加一次工资，但是对员工并没有太大吸引力。笔者认为这种类似工龄工资的形式对员工没有约束作用，如果真的想要留住人，需要老板开诚布公地与店员摊牌，给店员一副“金手铐”。

可以根据年度营业额与毛利情况设立一个基数，根据这个基础营业额产生的利润，承诺员工或店长做满 5 年可以享受利润分成，比例多少要看老板与员工商谈的结果。当然，实际营业额如果做得更好，利润更多，员工与店长也将收益更多。每做满一年可以拿多少分成，可以写在合同里，比如，满一年当年可以拿到利润分成的 30%，其余的可以在满 5 年、10 年的时候拿到。当然，如果没有做满则算自动放弃这一权利，做满 10 年则分成比例提高。这个分成，需要老板“舍得”，也就是说，如果真的想留住人，那就得把店员与店长当成自己的合伙人。这样门店的业绩越好，利润越多，员工与店长的收入也越高。如此，店员与店长才会把门店当成自己的店来经营，而不是一位看客，但是这需要老板有一颗肯分享的心。

（3）人性化管理。人与人相处，不只是金钱至上，管理中多一句问候，多一些关心，让员工感受到家的温暖，也能在很大程度上留住更多人员。

说到底，单体药店想要留住人，与老板的为人有关。如果心态开放，肯分享利益，待人又好，那么，现实中大多数人还是不太会在意自己职业平台高低的。因为工作已经能带给自己被认同的价值与财富，就不会苛求过多。

附录1

连锁药店经营案例简析

1. 节源运作赢市场

小辛是D城Y连锁药店有限公司N店的店员。小辛所在的N店是一家医保店，不过，虽然可刷医保，但是附近可刷医保的店也不少，所以竞争也较大。小辛平时也并不忙，没事会想：怎么附近这么一点大的地方，就有这么多连锁药店，而且都是不同公司的，他们怎么能生存下来的？

小辛的疑惑道出药店人员的心声，单就在D城，为什么连锁药店企业这么多家，有全国性的连锁、当地的连锁、平价的新兴连锁，也有传统的老牌连锁，他们都能生存下来，并且发展得还不错？那就让我们一起探索一下连锁药店的文武之道，看看他们不一样的活法吧！

以小辛所在的Y连锁药店来看，Y连锁药店有以下一些弱势：

（1）员工专业知识弱。小辛平时要做的事大都是帮顾客拿药，因为Y连锁药店是一家本地连锁药店，而且门店数也就十几家，可以说是不大。Y连锁药店对员工的专业技能要求并不太高，笔者前往购药时，问有没有皮康霜，员工一时还找不到，其实就在他们眼皮底下，也就是曲咪新乳膏。员工在现场的导购表现也较弱，没有主动引导的自信与技巧。

（2）员工形象欠佳。相对而言，Y连锁药店对员工的仪容仪表要求也较少，只有工服是统一的，其他的则员工各有特色，这样显得很不统一，也不协调。

（3）没有招呼声。进入Y连锁药店，员工没有招呼声，转了一会，员工才问要买什么药。而且在店里面，员工脸上很少有微笑，店里面感觉有些清冷。

（4）氛围较差。从门店氛围布置来看，只有吊旗与标牌，墙面有些企业介绍，除此之外，便没有其他烘托氛围的布置。

此外，Y连锁药店也很少促销，没有会员日。可以说，Y连锁药店在运营管理上是较弱的。但是就是在这样较弱的运营管理条件下，这家药店仍然生存得较好，让我们来分析一下他们的优势吧：

（1）库存管理很严。从商品陈列来看，Y连锁药店没有特殊的陈列堆头，也没有量感陈列的商品，每种商品的数量都很有限，除了特别好销的感冒药有十盒左右之外，其他的都在3盒左右。这样的库存控制，虽然货架看上去不满，但是减少了库存资金，也就是减少了经营成本，而且带来的效期商品也较少，后期的报损也少。

（2）医保优势。很多城市医保分市区与市下属区域的，大多数药店只能刷其中某一个区的。而Y连锁药店则可以同时刷市区与所在下属区域的，这样就扩大了客源，而且可以看出，这家连锁药店的当地公共关系非常好。

（3）有中药柜。Y连锁药店的门店都有中药区，这也在无形中吸引了很多顾客，相比没有中药柜药店来说，这也是一大优势。

（4）租金成本相对低。小辛所在的D店原来在市中心，后来因为市中心房租越来越高，所以迁址过来。新址的租金成本相对较低，而且附近的社区较熟悉，客流也不少，因此门店能很好地生存下来。

可以看得出来，Y连锁药店在经营上采取的是节源运作方式，同时依托医保与中药柜便能很好地生存下来，这与很多主张开源的连锁药店明显不同。但是，在市场竞争中，Y 连锁药店采取的策略却又的确能让自己很好地经营下去，所以说，经营没有说谁是唯一的，只有适合才是硬道理。

2. 底子厚，占鳌头

L连锁药店也是D城的一家连锁药店，可以说，是D城的连锁老大。在竞争激烈的市场中，L连锁药店为何能在本土独占鳌头？下面来分析一下L连锁药店的优劣势吧。

先来看下L连锁药店的劣势：

（1）缺乏活力。L连锁药店是本地的一家连锁老店，是最早在D城开始发展的企业，而且带有国企性质。但是正因为如此，企业缺乏活力。

（2）闭柜经营。很多连锁药店都是采用开放式的货架，而唯独L连锁药店仍采取闭柜经营方式，这似乎与其观念传统也有关。

（3）药价偏高。L连锁药店的药价走的是中高端路线，与平价药房有着显著的区别，因此客流也受到了限制。

在这样一些劣势条件下，为何L连锁药店的营业额仍然可以位居D城第一呢？下面来看一下它的优势。

（1）员工非常稳定。许多零售连锁药店很头疼的问题就是员工流动太快，刚刚培训好了，成了熟手，员工就离职了；再招新人，再培训，其成本大，而且有很多负面影响。但是L连锁药店的员工却非常稳定，很少有人离职。分析其原因有三个因素，一是员工收入相对较高，而且年底有较高的年终奖；二是员工大多数在L连锁药店做了很多年，年龄也偏大，不会轻易离职；三是绝大多数员工是本地员工。因此，L 连锁药店的员工非常稳定，这一点是其他许多连锁药店做不到的。

（2）店址好。因为 L 连锁药店是最早发展的，所以，很多好的店址都被 L 连锁药店占有，比如，医院附近的、主要交通路口的、火车站与汽车站的好市口、市中心的商业区等。这些好的店址经过较长时间的运作，已经形成了较稳定的客流，所以，即使其药价不低，仍然可以经营好。

（3）老品牌。因为 L 连锁药店在 D 城时间长，有较深的品牌影响力，很多顾客从小就在 L 连锁药店买药，长大了，自然而然还是有很深的感情。也就是说，L 连锁药店的品牌历史也助其一臂之力。

（4）有特色专柜。L 连锁药店是较早设立参茸专柜的连锁药店，这也为其经营注入了活力。而且，L 连锁药店也有药妆专营区与齐全的药械专区。比如，医用的剪刀、注射器等产品在其他地方买不到，但是在 L 连锁药店的一部分中心店可以买到，一些顾客要买这样的产品首先想到的就是 L 连锁药店。

看来，企业有良好的历史对自身的发展也有着非常重要的作用，所以，如果想要有更好的发展前景，那么，现在就要努力做得更好！

3. 特色经营，寻求夹缝生存

R 连锁药店是 D 城很有特色的一家本地连锁药店，门店数不多，不到十家，但是影响力却非常大。R 连锁的第一家药店 Q 店日均营业额达到了 30 万元，许多连锁药店都只能望其项背，可以说是几乎不可复制的，让我们一起来看一下 R 连锁药店的弱势与优势。

R 连锁药店是一家中规中矩的药店，要说它的弱势，其实并不多，主要有两点：

（1）员工导购过于急功近利。可能是因为员工的收入与所负责的货架商品销售有直接关系，所以，到了 R 连锁门店，其员工的推荐单刀直入，直接否定掉顾客的原本需求，而推荐他们能拿到提成的产品，这样很容易伤害顾客。

（2）员工年龄偏大。R 连锁药店的员工专业知识也一般，而且员工年龄普遍较大，在引导观念上也较旧。

但是，R 连锁药店的经营却非常有特色，除了可刷医保与公共关系较好外，还有其他的成功之道。

（1）最早引入平价营销。R 连锁药店的分店 Q 店，是 D 城第一家主动以平价大肆宣传的药店，这在十多年前并不多见。而且药价的确迎合了老百姓的需求，时间长了，老百姓想买药，第一个想到的就是 Q 店，因为大多数人还是希望买到更便宜的产品。因此，Q店收银台经常会排队。

在这一点上，R连锁药店可以说非常成功，以至于后来，Q店有一部分产品价格提上去了，但是顾客仍然络绎不绝。

（2）品种多且齐全。R连锁药店的药品品项很多，品种齐全，包括医院最新开出来的处方在R连锁药店也常能配到，这也无形中吸引了很多顾客。

（3）促销多。R连锁药店每月6日、16日、26日是会员日，周末也经常有促销活动，会员有积分礼品，而且营销观念新，往往有创新的促销活动。在平价模式下仍然做到这一点还是很不易的，当然，R连锁药店在商品结构上也以自有品牌来拉回毛利。

（4）厂商资源多。R连锁药店依托Q店良好的业绩优势，争取到了很多的厂商资源，比如，返点、赠品，促销和人员支持等，这给经营了带来很多便利。

R连锁药店的成功经营说明，很多时候，做第一个吃螃蟹的人更容易被记住，也更容易成功。在经营中与时俱进，不断创新，而不是因循守旧，日子才会越来越好。

4. 避锋芒抱团跟随

每家连锁药店之所以能生存发展，都是因为有其特有的经营方法，D城的X连锁药店便是这样一家连锁药店。X连锁药店采取的是跟随策略，从形象到标识都是模仿知名连锁企业的，这有点像明星的模仿者，但是这又何尝不是一种生存智慧呢？

先来看一下X连锁的弱势：

（1）没有属地优势。X连锁药店由外地人创办，创办人只是源于自己想创业，但在当地并没有良好的公共关系，一切都靠自己打拼，这也与外来务工者很相像。

（2）处在摸索过程中。X连锁药店可以说是在夹缝中求生存，一是好的店址已被早些年开的连锁店占有，二是药店密集度也较高。对于X连锁药店来说，要想发展真的不容易。

（3）人员不稳定。因为既不是知名企业，不能像它们一样可以用自身品牌来留人，又没有太多钱来留人，因此，企业内部员工的流动性较大。

但是，就是在这样的条件下，X连锁药店仍在D城占有一席之地，而且还受到了业界的关注，那X连锁药店有哪些优势呢？

（1）模仿也是一种智慧。X连锁从招牌到店内员工的服装颜色、从商品定位到引进商品的品种都采取了跟随国内知名连锁药店的策略。对于顾客来说，他们可能会误以为X连锁药店也是知名连锁企业，因此，会自然而然地产生信任感，而这对于X连锁药店来说，无疑是一种机会。

（2）不断尝试。因为好店址不多，X连锁药店采取了不断尝试开店的方法。因为如果不动，不开店，更难生存，而在不断尝试中可以找到机会，有些店开出来，经营一段时间不好，则当机立断关店。这样的不断努力探索，虽然成本也不小，但是的确也能找到自己的生存空间。

（3）避其锋芒。X连锁药店也尽量避开市中心各大连锁店激烈竞争之地，而是选择在郊区与景点发展，这也为自己找到了一条出路。

（4）门店连成片。可能大多数中小连锁药店都会采取这样的办法，就是虽然总的门店数不多，可能就十几家，但是门店之间连成片，而不是散得很开。这样相互之间有个照应，抱成团，力量就会倍增，而且配送起来也方便。

可见，连锁药店各有各的特色，各有各的门路，当然，也各有各的难处。正是因为这些连锁药店在定位上的不同，所以构成了药店世界里的万千姿态，而且这种相互影响与借鉴的力量能推动行业更好向前发展。

5. 扬长避短，独辟生财之道

W 连锁药店是 D 城的另一家本地连锁药店，从专业服务、门店形象、商品陈列与布局等来看，W 连锁药店显得水平较差，但也有发展潜力。

让我们来看一看它的弱势。

（1）专业服务弱。员工的专业知识显得较差，对顾客的导购只是拿药，没有过多的介绍。

（2）门店形象较差。单从门口 POP 来看就很差，几乎是随便写的，而且 POP 也张贴了很长时间，纸都泛白了，但是没有换。

（3）商品陈列与布局弱。店内货架几乎一半是空的，有个别货架已全空了，不知为何还摆在那里，而且商品的布局思路也不清晰。

虽然如此，可是 W 连锁药店的发展势头也不错，那 W 连锁药店在经营中有哪些独特之处呢？

（1）避开市区。W 连锁药店的多数门店都在乡镇或者郊区，相对市区来说，竞争小、租房成本低，人员大多是当地的，人工成本相对低，因此，在经营时压力也相对较小。

（2）加盟策略。一些连锁药店所有的门店都是直营店，这样操作的好处在于可以统一管理，上下行动一致，门店执行力较好，品牌形象佳，但是经营成本也大。而 W 连锁药店采取加盟策略则可以不断扩张，以自己的平台整合各地药店，也帮助了一些单体药店解决配送与管理的一些问题。加盟是中小连锁药店快速扩张的举措，也是扩大自身品牌与影响力的战略，但是要注意对加盟店的监管。

（3）精减人员。很多药店排班是两个人一个班，但是W连锁药店则采取一班一个人的排班方式，而且员工可以坐在门店。这与要求站立服务的企业相比，员工的压力相对小一些，人工成本也较低。

（4）依托自己的医药批发公司。W连锁药店是W医药公司的下属企业，W医药公司主营药品批发业务，这样一来，W连锁药店的所有药品购进渠道就变得很简单，而且成本也低。自己家的品牌，自己家的药，利润也高很多。

（5）公共关系好。W连锁药店因为是本地连锁店，与政府部门关系非常好，甚至有些政府部门的领导原先就是在W连锁药店工作过，有较好的公共关系，在发展中阻力也小一些。

在连锁药店经营中，可谓能文的倚马千言，能武的穿杨百步，各有各的活法，值得同仁们一起去探索与学习。

附录2

一年十二个月促销方案

阿玉是Y连锁药店有限公司G店的店经理，对于阿玉来说，在门店做促销是家常便饭。而阿玉也觉得每年的促销做了不少，但是，真的要说每个月促销的具体方式是什么、促销方案有何不同，她还真说不完整。

一年四季，随着季节变化，促销商品也不同，每个季节的促销主题与商品有何不同，又有哪些变化呢？阿玉心里虽知道一些，却不能说得非常清楚。

要帮助阿玉整理思路，我们需要系统地分析药店促销的时节、主题、商品与策略等。

一、营销背景

"红海厮杀"的惨痛代价；

频繁"小促"不见起色；

消费者越趋理性的购买；

"见利忘义"的顾客似乎越来越多。

二、营销目的

激发顾客的消费冲动；

扩大理性购买需求；

拉动交易，提升业绩；

强化品牌，提高商圈内影响力。

三、营销策略

笔者曾看到，一些药店一年到头，从陈列到商品没有任何改变。若想以此种状态获取较好的利润回报，结果可想而知。其实，要吸引顾客进店，就需要持续营销与创新。在这个时代，任何企业停止营销就会失去市场，停止创新就意味着衰亡。所以，对于药店来说，营销意义重大。

“应季而变，应时而动”是我们应具备的生意头脑。在雷同促销的环境下，更需要药店人员用心考虑顾客新的需求，用创新贴近顾客内心与实际需求。

营销组合——每月主题活动 + 时节促销 + 会员日营销 + 阶段特卖

（1）每月主题活动：

每月设定营销主题，列出具体应季商品与促销方式，配以货架标识、员工熟记、卖点培训等。

（2）时节促销：

根据一年的节日进行阶段促销，这些促销会部分涵盖在主题活动中，但是又有单独的促销方案与商品。

（3）会员日营销：

针对会员进行集中折扣让利，提供药店与顾客的沟通渠道，提高顾客黏性。

（4）阶段特卖：

新品引入时的一个常规方法，就是针对某类疾病的具体品种设计阶段促销方案，疾病不同，品种有别，这种方法可操作空间甚大。

四、活动执行

（1）四季“赢”销主题：

药店促销随地域、季节的变化应有所变化，以春、夏、秋、冬四季变换来展示一年中的促销主题与商品的变化，从这些商品的变化中，我们可以主动营销，赢得市场。

春：防流感、瘦身、益智

促销宜以防流感、清肠、排毒、瘦身为主，对应的商品有抗病毒口服液、板蓝根、肠清茶、常润茶、减肥茶、左旋肉碱、芦荟软胶囊、膳食纤维等。另外，很多学生要准备参加考试了，益智抗疲劳的产品也是本季的亮点，对应的商品有DHA、氨基酸、抗疲劳口服液等。

夏：清热消暑

夏天的主题便是清热解毒、防暑降温、防晒止痒、补水保湿等，对应的产品有凉茶、金银茶露、龟苓膏、人丹、风油精、清凉油、十滴水、防晒霜、花露水、芦荟胶、面膜等。在这个季节，团购较多，相应的商品需要备足货。

秋：滋补、润燥

秋天的主题应是滋补、润燥，对应的商品以中药为主，如阿胶、西洋参、枸杞、红枣、蜂蜜等。

冬：护肤、防冻、保暖

冬天寒冷，护肤、防冻、保暖是本季的主题，对应的商品有尿素霜、甘油、橄榄油、唇膏、冻疮膏、暖宝宝、口罩、保暖拖鞋、手套等。

（2）**时节主题活动：**

1月：元旦、春节

活动时间：元旦、春节期间。

活动主题：回家过年，送礼送健康！

活动内容：设立“年货一条街”，将与年货相关的商品，包括礼盒、核桃、桂圆、红枣等健康食品集中特价销售。

满额送：

①购满68元送300g洗衣粉一袋；

②购满108元送抽纸3包；

③购满198元送卷纸一提。

幸运大转盘：购满38元的顾客即可参与“幸运大转盘”活动，根据转到的图标拿奖品。

健康关爱大行动：医疗器械、解酒护肝、心脑血管、关节保护、滋补类等商品限时折扣优惠。

2月：情人节

活动时间：情人节前后。

活动主题：“套”住爱。

活动内容：计生用品8折优惠，购满金额再送情人节礼品。“爱她就送她健康”，推出“健康+美丽”特惠方案，如天然维生素C、胶原蛋白软胶囊等营养素，面膜、洗面奶等个人护理用品，组合购买有惊喜。

3月：三八妇女节

活动时间：3月1日—3月15日。

活动主题：春季商品大特惠——健康女人，惠享“瘦”。

活动内容：

①商品选择：

明星商品：如眼贴、面膜、芦荟胶、蛋白质粉、天然维生素 E、复合氨基酸软囊等。

季节商品：抗病毒口服液、板蓝根、菊花、柠檬片、减肥茶、肠清茶、芦荟软胶囊、左旋肉碱等。

主题商品：如乌鸡白凤丸、妇炎康片、栓剂、洗液等妇科用药，电子健康秤、枇杷糖、金银花露、龟苓膏、钙铁锌口服液、鳕鱼肝油软胶囊、牛乳钙咀嚼片等。

②商品促销：以特价、组合价、买赠、第二件半价、折扣、满额送等方式进行。

5 月：五一劳动节

活动时间：5 月 1 日—5 月 7 日。

活动主题：健康出行，有备无患！

活动内容：

①出行旅游备药：黄连素、氟哌酸、头孢拉定、晕车药、红霉素眼药膏、牛黄解毒片、体温计、一次性口罩、纱布、棉球、创可贴、棉签等。

②提供备药清单与“小药箱”产品，整“箱”购买享受更多优惠，满额送等。

5 月：母亲节

活动时间：母亲节前一周。

活动主题：爱与健康，都不能迟到！

活动内容：把健康送给妈妈。精选母亲节产品如钙片、大豆异黄酮软胶囊、氨糖、花茶、按摩器、颈托、理疗仪等进行特卖。

6月：端午节

活动时间：端午节前一周。

活动主题：一起过端午！

活动内容：

①来就送：活动期间，凭单页即可领取咸鸭蛋或粽子一个，限前20位顾客。

②买就送：活动期间，进店消费的顾客就可领精美礼品一份，另可参加满额送活动。

③精选特惠商品：20种慢病常用药特价，1元、2元、5元特价专区，营养素买一送一，医疗器械8折优惠，健康食品任选两件7折，个护专柜8折，贵细中药材8折。

6月：儿童节

活动时间：6月1日—6月7日。

活动主题：趣味亲子活动！

活动内容：

①活动期间，儿童成长产品特惠，如钙粉、牛乳钙片、鱼肝油软胶囊，葡萄糖酸锌、益生菌制剂、乳品等。

②宝宝爬行比赛：报名参赛即送礼品，刺激更多家长参与。活动当天设一、二、三等奖与参与奖，奖品丰厚，赠品为品牌奶粉现金券、卡通布娃娃、文化广告衫、气球等

③奶粉冲调比赛：家长们参加奶粉冲调比赛，可以获得奶粉原商品、现金券或试用品奖励。

④婴幼儿微量元素免费检测：帮助检测幼儿体内微量元素，以观察幼儿营养情况。

6月：父亲节

活动时间：父亲节前一周。

活动主题：爸爸，辛苦了！

活动内容：精选父亲节商品特价销售。

7月、8月：夏令商品团购

活动时间：7月、8月。

活动主题：清凉一“夏”！

活动内容：

①夏令商品团购；

②凉茶试饮；

③提供夏令商品团购清单，向进店顾客或社区进行派发，提供送货上门、团购折扣、满额送等服务与优惠。

表1　夏令商品团购清单

品类	具体商品
清凉饮品	金银花露、梨汁、蓝莓汁、凉茶、龟苓膏等
消暑防蚊	人丹、正气水、风油精、清凉油、花露水、驱蚊霜等
消毒类	酒精、碘酒、双氧水等
个护类	面膜、防晒霜、橄榄油、脱毛膏等

9月：滋补节

活动时间：9月1日—9月30日。

活动主题：该进补啦——滋补膏方节！

活动内容：阿胶免费熬膏，免费打粉。顾客在店购买阿胶可享受免费熬膏、免费打粉服务，阿胶买一斤送半斤，同时送辅料，满额再送赠品。

红枣、枸杞、人参、鹿茸、蜂蜜等中药材9折优惠。

9月：教师节

活动时间：9月10日。

活动主题：亲爱的老师——谢谢您！

活动内容：凭教师证可免费领取精美礼品一份，限前20位。慢性咽炎类商品特价销售。

10月：十一长假

活动时间：10月1日—10月7日。

活动主题：喜迎国庆，欢乐同行！

活动内容：

①满额送，阿胶特惠，营养素买一送一，护肤品8折，部分买一送一，办会员卡送好礼。

②剪角优惠券：活动前派发DM单，顾客凭DM单剪角优惠3元券，进店消费满30元可抵减。

③会员双倍积分：活动期间，顾客购买部分商品可享受双倍积分或者4倍积分。

④会员日促销：会员折后满额送，同时享受双倍积分，会员惊爆特价单品。

中秋节

活动时间：中秋节前两周。

活动主题：举杯邀明月，低头思"健康"——把健康带回家！

活动内容：

①推出健康礼品特惠如深海鱼油+卵磷脂+液体钙组合特价等，配以精美礼盒。

②多元化经营，卖月饼券：与当地月饼销售商家合用，顾客买月饼券可享受9折优惠，在规定时间内，凭月饼券到指定商家处可取月饼。

③中秋节当天到店消费满额送月饼。

11月：感恩节

活动时间：感恩节前两周。

活动主题：感谢您相伴——会员积分大回馈!

活动内容：(会员积分规则：消费1元积1分)

①会员积分换购：推出20支会员积分换购商品，如VC泡腾片原价20元，会员200分+8元换购等。

②会员积分抽大奖：会员满50分即可参加抽奖，100%中奖，最低中1元抵用券，特等奖为时尚手机，另设一、二、三等奖。

③会员积分当钱花：会员积分100分可当现金2元使用，依此类推。

④会员专享商品：推出50支会员特价商品，会员专享。

12月：平安夜、圣诞节

活动时间：12月1日—12月25日。

活动主题：圣诞狂欢购!

活动内容：活动期间，消费满额即可送圣诞精美礼品。年终回馈，周年庆大型活动。当然，除时节主题外，也可以根据疾病节日来设定，比如，6月6日全国爱眼日、10月20日国际骨质疏松日等。

“本土管理实践与创新论坛”成立

长期以来，中国企业在学习西方管理、本土化实践中不断进步。经济进入新常态，管理也要进入深水区。东西方企业与管理，有共性，也有个性。本土管理领域正在产生自己独特的理论与模式。尤其在移动互联时代，中国的情况与西方更不同，有很多新课题，需要本土专家们一起研究。

为此，博瑞森图书与各位本土管理专家作者，联合成立“本土管理实践与创新论坛”！“论坛”不以盈利为目的。“论坛”的宗旨是：

孵化思想——加速本土管理思想的孕育诞生

促进实践——促进本土管理创新成果更好服务企业、贡献社会

交流协作——加强本土管理界业内交流、协作

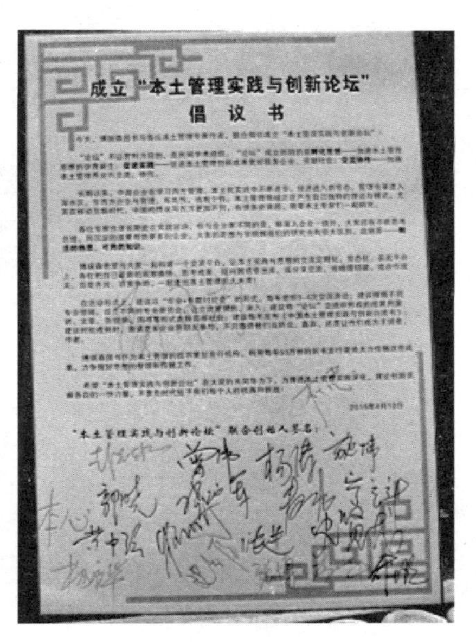
成立“本土管理实践与创新论坛”

倡议书

“本土管理实践与创新论坛”联合创始人签名：

通过这个论坛，让本土实践与思想的交流定期化、常态化。在此平台上，各位作者把自己最新的观察感悟、思考成果、疑问困惑拿出来，或分享交流、或碰撞切磋、或合作攻关。通过举办“年度论坛”、出版《年度报告》等方式，百花齐放、百家争鸣，一起走出本土管理的大未来！

“本土管理实践与创新论坛”联合创始人

彭志雄、曾伟、宋新宇、杨涛、施炜、郭晓、张学军、秦国伟、宁立新、黄中强、程绍珊、张进、史贤龙、杨永华、高可为、史立臣、张博、李志华、张本心、余世耀、杜忠（以年龄为序，以示本土管理群体思想传承之意）

博瑞森图书分类导读图＋书目

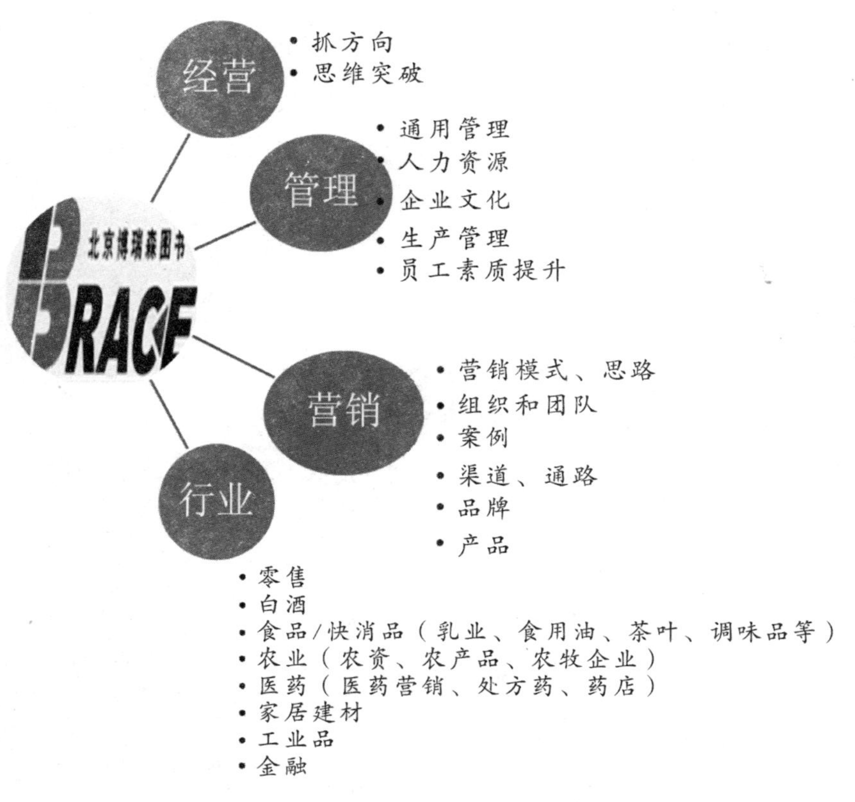

行业类：零售、白酒、食品/快消品、农业、医药、建材家居等			
	书名．作者	内容/特色	读者价值
零售·超市·餐饮·服装·汽车	1. 总部有多强大，门店就能走多远 2. 超市卖场定价策略与品类管理 3. 连锁零售企业招聘与培训破解之道 4. 中国首家未来超市：解密安徽乐城 5. 三四线城市超市如何快速成长：解密甘雨亭 IBMG 国际商业管理集团　著	国内外标杆企业的经验 + 本土实践量化数据 + 操作步骤、方法	通俗易懂，行业经验丰富，宝贵的行业量化数据，关键思路和步骤
	涨价也能卖到翻 村松达夫　【日】	提升客单价的 15 种实用、有效的方法	日本企业在这方面非常值得学习和借鉴
	零售：把客流变成购买力 丁　昀　著	如何通过不断升级产品和体验式服务来经营客流	如何进行体验营销，国外的好经营，这方面有启发
	餐饮企业经营策略第一书 吴　坚　著	分别从产品、顾客、市场、盈利模式等几个方面，对现阶段餐饮企业的发展提出策略和思路	第一本专业的、高端的餐饮企业经营指导书
	赚不赚钱靠店长：从懂管理到会经营 孙彩军　著	通过生动的案例来进行剖析，注重门店管理细节方面的能力提升	帮助终端门店店长在管理门店的过程中实现经营思路的拓展与突破
	汽车配件这样卖：汽车后市场销售秘诀 100 条 俞士耀　著	汽配销售业务员必读，手把手教授最实用的方法，轻松得来好业绩	快速上岗，专业实效，业绩无忧
白酒	变局下的白酒企业重构 杨永华　著	帮助白酒企业从产业视角看清趋势，找准位置，实现弯道超车的书	行业内企业要减少 90%，自己在什么位置，怎么做，都清楚了
	1. 白酒营销的第一本书 2. 白酒经销商的第一本书 唐江华　著	华泽集团湖南开口笑公司品牌部长，擅长酒类新品推广、新市场拓展	扎根一线，实战
	区域型白酒企业营销必胜法则 朱志明　著	为区域型白酒企业提供 35 条必胜法则，在竞争中赢销的葵花宝典	丰富的一线经验和深厚积累，实操实用
	10 步成功运作白酒区域市场 朱志明　著	白酒区域操盘者必备，掌握区域市场运作的战略、战术、兵法	在区域市场的攻伐防守中运筹帷幄，立于不败之地
	酒业转型大时代：微酒精选 2014－2015 微酒　主编	本书分为五个部分：当年大事件、那些酒业营销工具、微酒独立策划、业内大调查和十大经典案例	了解行业新动态、新观点，学习营销方法
快消品·食品	乳业营销第一书 侯军伟　著	对区域乳品企业生存发展关键性问题的梳理	唯一的区域乳业营销书，区域乳品企业一定要看
	食用油营销第一书 余　盛　著	10 多年油脂企业工作经验，从行业到具体实操	食用油行业第一书，当之无愧
	中国茶叶营销第一书 柏　龑　著	如何跳出茶行业"大文化小产业"的困境，作者给出了自己的观察和思考	不是传统做茶的思路，而是现在商业做茶的思路
	调味品营销第一书 陈小龙　著	国内唯一一本调味品营销的书	唯一的调味品营销的书，调味品的从业者一定要看
	快消品营销人的第一本书：从入门到精通 刘　雷　伯建新　著	快消行业必读书，从入门到专业	深入细致，易学易懂
	变局下的快消品营销实战策略 杨永华　著	通胀了，成本增加，如何从被动应战变成主动的"系统战"	作者对快消品行业非常熟悉、非常实战
	快消品经销商如何快速做大 杨永华　著	本书完全从实战的角度，评述现象，解析误区，揭示原理，传授方法	为转型期的经销商提供了解决思路，指出了发展方向
	一位销售经理的工作心得 蒋　军　著	一线营销管理人员想提升业绩却无从下手时，可以看看这本书	一线的真实感悟
	快消品营销：一位销售经理的工作心得 2 蒋　军　著	快消品、食品饮料营销的经验之谈，重点图书	来源与实战的精华总结
	快消品营销与渠道管理 谭长春　著	将快消品标杆企业渠道管理的经验和方法分享出来	可口可乐、华润的一些具体的渠道管理经验，实战
	成为优秀的快消品区域经理 伯建新　著	37 个"怎么办"分析区域经理的工作关键点	可以作为区域经理的'速成催化器'
	销售轨迹：一位快消品营销总监的拼搏之路 秦国伟　著	本书讲述了一个普通销售员打拼成为跨国企业营销总监的真实奋斗历程	激励人心，给广大销售员以力量和鼓舞

续表

农业	**农资营销实战全指导** 张　博　著	农资如何向"深度营销"转型，从理论到实践进行系统剖析，经验资深	朴实、使用！不可多得的农资营销实战指导
	农产品营销第一书 胡浪球　著	从农业企业战略到市场开拓、营销、品牌、模式等	来源于实践中的思考，有启发
	变局下的农牧企业发展9大策略 彭志雄　著	食品安全、纵向延伸、横向联合、品牌建设……	唯一的农牧企业经营实操的书，农牧企业一定要看
医药	**新医改下医药营销与团队管理** 史立臣　著	探讨新医改对医药行业的系列影响和医药团队管理	帮助理清思路，有一个框架
	医药营销与处方药学术推广 马宝琳　著	如何用医学策划把"平民产品"变成"明星产品"	有真货、讲真话的作者，堪称处方药营销的经典！
	新医改了，药店就要这样开 尚　锋　著	药店经营、管理、营销全攻略	有很强的实战性和可操作性
	电商来了，药店应该怎样开 尚　锋　著	电商崛起，药店该如何突围？本书从促销、会员服务、专业性、客单价等多重角度给出了指导方向	实战攻略，拿来就能用
	在中国，医药营销这样做：时代方略精选文集 段继东　主编	专注于医药营销咨询15年，将医药营销方法的精华文章合编，深入全面	可谓医药营销领域的顶尖著作，医药界读者的必读书
	OTC医药代表药店开发与维护 鄢圣安　著	要做到一名专业的医药代表，需要做什么、准备什么、知识储备、操作技巧等	医药代表药店拜访的指导手册，手把手教你快速上手
	引爆药店成交率1：店员导购实战 范月明　著	一本书解决药店导购所有难题	情景化、真实化、实战化
	引爆药店成交率2：经营落地实战 范月明　著	最接地气的经营方法全指导	揭示了药店经营的几类关键问题
建材家居	**建材家居营销实务** 程绍珊　杨鸿贵　主编	价值营销运用到建材家居，每一步都让客户增值	有自己的系统、实战
	建材家居门店销量提升 贾同领　著	店面选址、广告投放、推广助销、空间布局、生动展示、店面运营等	门店销量提升是一个系统工程，非常系统、实战
	10步成为最棒的建材家居门店店长 徐伟泽　著	实际方法易学易用，让员工能够迅速成长，成为独当一面的好店长	只要坚持这样干，一定能成为好店长
	手把手帮建材家居导购业绩倍增：成为顶尖的门店店员 熊亚柱　著	生动的表现形式，让普通人也能成为优秀的导购员，让门店业绩长红	读着有趣，用着简单，一本在手、业绩无忧
工业品	**解决方案营销实战案例** 刘祖轲　著	用10个真案例讲明白什么是工业品的解决方案式营销，实战、实用	有干货、真正操作过的才能写得出来
	变局下的工业品企业7大机遇 叶敦明　著	产业链条的整合机会、盈利模式的复制机会、营销红利的机会、工业服务商转型机会……	工业品企业还可以这样做，思维大突破
	工业品市场部实战全指导 杜　忠　著	工业品市场部经理工作内容全指导	系统、全面、有理论、有方法，帮助工业品市场部经理更快提升专业能力
	工业品营销管理实务 李洪道　著	中国特色工业品营销体系的全面深化、工业品营销管理体系优化升级	工具更实战，案例更鲜活，内容更深化
	工业品企业如何做品牌 张东利　著	为工业品企业提供最全面的品牌建设思路	有策略、有方法、有思路、有工具
	一本书读懂工业4.0 丁兴良　编著	没有枯燥的理论和说教，用朴实直白的语言告诉你工业4.0的全貌	工业4.0是什么？本书告诉你答案

续表

金融	交易心理分析 (美)马克·道格拉斯　著 刘真如　译	作者一语道破赢家的思考方式,并提供了具体的训练方法	不愧是投资心理的第一书,绝对经典
	精品银行管理之道 崔海鹏　何　屹　主编	中小银行转型的实战经验总结	中小银行的教材很多,实战类的书很少,可以看看
	支付战争 Eric M. Jackson　著 徐　彬　王　晓　译	PayPal 创业期营销官,亲身讲述 PayPal 从诞生到壮大到成功出售的整个历史	激烈、有趣的内幕商战故事! 了解美国支付市场的风云巨变
房地产	产业园区/产业地产规划、招商、运营实战 阎立忠　著	目前中国第一本系统解读产业园区和产业地产建设运营的实战宝典	从认知、策划、招商到运营全面了解地产策划
	人文商业地产策划 戴欣明　著	城市与商业地产战略定位的关键是不可复制性,要发现独一无二的"味道"	突破千城一面的策划困局

经营类:企业如何赚钱,如何抓机会,如何突破,如何"开源"

	书名. 作者	内容/特色	读者价值
抓方向	让经营回归简单. 升级版 宋新宇　著	化繁为简抓住经营本质:战略、客户、产品、员工、成长	经典,做企业就这几个关键点!
	企业由小到大要过哪些坎 卢　强　著	老板手里的一张"企业成长路线图"	现在我在哪儿,未来还要走哪些路,都清楚了
	企业二次创业成功路线图 夏惊鸣　著	企业曾经抓住机会成功了,但下一步该怎么办?	企业怎样获得第二次成功,心里有个大框架了
	老板经理人双赢之道 陈　明　著	经理人怎养选平台、怎么开局,老板怎样选/育/用/留	老板生闷气,经理人牢骚大,这次知道该怎么办了
	简单思考:AMT 咨询创始人自述 孔祥云　著	著名咨询公司(AMT)的 CEO 创业历程中点点滴滴的经验与思考	每一位咨询人,每一位创业者和管理经营者,都值得一读
	企业文化的逻辑 王祥伍　黄健江　著	为什么企业绩效如此不同,解开绩效背后的文化密码	少有的深刻,有品质,读起来很流畅
	使命驱动企业成长 高可为　著	钱能让一个人今天努力,使命能让一群人长期努力	对于想做事业的人,'使命'是绕不过去的
思维突破	移动互联新玩法:未来商业的格局和趋势 史贤龙　著	传统商业、电商、移动互联,三个世界并存,这种新格局的玩法一定要懂	看清热点的本质,把握行业先机,一本书搞定移动互联网
	画出公司的互联网进化路线图:用互联网思维重塑产品、客户和价值 李　蓓　著	18 个问题帮助企业一步步梳理出互联网转型思路	思路清晰、案例丰富,非常有启发性
	重生战略:移动互联网和大数据时代的转型法则 沈　拓　著	在移动互联网和大数据时代,传统企业转型如同生命体打算与再造,称之为"重生战略"	帮助企业认清移动互联网环境下的变化和应对之道
	创造增量市场:传统企业互联网转型之道 刘红明　著	传统企业需要用互联网思维去创造增量,而不是用电子商务去转移传统业务的存量	教你怎么在"互联网+"的海洋中创造实实在在的增量
	7 个转变,让公司 3 年胜出 李　蓓　著	消费者主权时代,企业该怎么办	这就是互联网思维,老板有能这样想,肯定倒不了
	跳出同质思维,从跟随到领先 郭　剑　著	66 个精彩案例剖析,帮助老板突破行业长期思维惯性	做企业竟然有这么多玩法,开眼界
	麻烦就是需求　难题就是商机 卢根鑫　著	如何借助客户的眼睛发现商机	什么是真商机,怎么判断、怎么抓,有借鉴

续表

管理类:效率如何提升,如何实现经营目标,如何“节流”			
	书名. 作者	内容/特色	读者价值
通用管理	1. 让管理回归简单. 升级版 2. 让经营回归简单. 升级版 3. 让用人回归简单 宋新宇 著	宋博士的“简单”三部曲,影响 20 万读者,非常经典	被读者热情地称作“中小企业的管理圣经”
	边干边学做老板 黄中强 著	创业 20 多年的老板,有经验、能写、又愿意分享,这样的书很少	处处共鸣,帮助中小企业老板少走弯路
	阿米巴经营的中国模式 李志华 著	让员工从“要我干”到“我要干”,价值量化出来	阿米巴在企业如何落地,明白思路了
	欧博心法:好管理靠修行 曾 伟 著	用佛家的智慧,深刻剖析管理问题,见解独到	如果真的有‘中国式管理’,曾老师是其中标志性人物
流程管理	1. 用流程解放管理者 2. 用流程解放管理者 2 张国祥 著	中小企业阅读的流程管理、企业规范化的书	通俗易懂,理论和实践的结合恰到好处
	跟我们学建流程体系 陈立云 著	畅销书《跟我们学做流程管理》系列,更实操,更细致,更深入	更多地分享实践,分享感悟,从实践总结出来的方法论
战略落地	公司大了怎么管:从靠英雄到靠组织 AMT 金国华 著	第一次详尽阐释中国快速成长型企业的特点、问题及解决之道	帮助快速成长型企业领导及管理团队理清思路,突破瓶颈
	低效会议怎么改:每年节省一半会议成本的秘密 AMT 王玉荣 著	教你如何系统规划公司的各级会议,一本工具书	教会你科学管理会议的办法
	年初订计划,年尾有结果:战略落地七步成诗 AMT 郭晓 著	7 个步骤教会你怎么让公司制定的战略转变为行动	系统规划,有效指导计划实现
企业案例·老板传记	宗:一位制造业企业家的思考 杨 涛 著	1993 年创业,引领企业平稳发展 20 多年,分享独到的心得体会	难得的一本老板分享经验的书
	简单思考:AMT 咨询创始人自述 孔祥云 著	著名咨询公司(AMT)的 CEO 创业历程中点点滴滴的经验与思考	每一位咨询人,每一位创业者和管理经营者,都值得一读
	六个核桃凭什么:从 0 到 150 亿 张学军 著	首部全面揭秘养元六个核桃裂变式成长的巨著	学习优秀企业的成长路径,了解其背后的理论体系
	三四线城市超市如何快速成长:解密甘雨亭 IBMG 国际商业管理集团 著	国内外标杆企业的经验 + 本土实践量化数据 + 操作步骤、方法	通俗易懂,行业经验丰富,宝贵的行业量化数据,关键思路和步骤
	中国首家未来超市:解密安徽乐城 IBMG 国际商业管理集团 著	本书深入挖掘了安徽乐城超市的试验案例,为零售企业未来的发展提供了一条可借鉴之路	通俗易懂,行业经验丰富,宝贵的行业量化数据,关键思路和步骤
人力资源	回归本源看绩效 孙 波 著	让绩效回顾“改进工具”的本源,真正为企业所用	确实是来源于实践的思考,有共鸣
	曹子祥教你做绩效管理 曹子祥 著	复杂的理论通俗化,专业的知识简单化,企业绩效管理共性问题的解决方案	轻松掌握绩效管理
人力资源	把招聘做到极致 远 鸣 著	作为世界 500 强高级招聘经理,作者数十年招聘经验的总结分享	带来职场思考境界的提升和具体招聘方法的学习
	人才评价中心. 超级漫画版 邢 雷 著	专业的主题,漫画的形式,只此一本	没想到一本专业的书,能写成这效果

续表

人力资源	**走出薪酬管理误区** 全怀周　著	剖析薪酬管理的 8 大误区，真正发挥好枢纽作用	值得企业深读的实用教案
	集团化人力资源管理实践 李小勇　著	对搭建集团化的企业很有帮助，务实，实用	最大的亮点不是理论，而是结合实际的深入剖析
	我的人力资源咨询笔记 张　伟　著	管理咨询师的视角，思考企业的 HR 管理	通过咨询师的眼睛对比很多企业，有启发
	本土化人力资源管理 8 大思维 周　剑　著	成熟 HR 理论，在本土中小企业实践中的探索和思考	对企业的现实困境有真切体会，有启发
	HRBP 是这样炼成的之"菜鸟起飞" 新　海　著	以小说的形式，具体解析 HRBP 的职责，应该如何操作，如何为业务服务	实践者的经验分享，内容实务具体，形式有趣
企业文化	**华夏基石方法：企业文化落地本土实践** 王祥伍　谭俊峰　著	十年积累、原创方法、一线资料，和盘托出	在文化落地方面真正有洞察，有实操价值的书
	企业文化的逻辑 王祥伍　著	为什么企业之间如此不同，解开绩效背后的文化密码	少有的深刻，有品质，读起来很流畅
	企业文化激活沟通 宋杼宸　安　琪　著	透过新任 HR 总经理的眼睛，揭示出沟通与企业文化的关系	有实际指导作用的文化落地读本
	在组织中绽放自我：从专业化到职业化 朱仁健　王祥伍　著	个人如何融入组织，组织如何助力个人成长	帮助企业员工快速认同并投入到组织中去，为企业发展贡献力量
生产管理	**高员工流失率下的精益生产** 余伟辉　著	中国的精益生产必须面对和解决高员工流失率问题	确实来源于本土的工厂车间，很务实
	车间人员管理那些事儿 岑立聪　著	车间人员管理中处理各种"疑难杂症"的经验和方法	基层车间管理者最闹心、头疼的事，'打包'解决
	1. 欧博心法：好管理靠修行 **2. 欧博心法：好工厂这样管** 曾　伟　著	他是本土最大的制造业管理咨询机构创始人，他从 400 多个项目、上万家企业实践中锤炼出的欧博心法	中小制造型企业，一定会有很强的共鸣
	欧博工厂案例 1：生产计划管控对话录 **欧博工厂案例 2：品质技术改善对话录** **欧博工厂案例 3：员工执行力提升对话录** 曾　伟　著	最典型的问题、最详尽的解析，工厂管理 9 大问题 27 个经典案例	没想到说得这么细，超出想象，案例很典型，照搬都可以了
	苦中得乐：管理者的第一堂必修课 曾　伟　编著	曾伟与师傅大愿法师的对话，佛学与管理实践的碰撞，管理禅的修行之道	用佛学最高智慧看透管理
	比日本工厂更高效 1：管理提升无极限 刘承元　著	指出制造型企业管理的六大积弊；颠覆流行的错误认知；掌握精益管理的精髓	每一个企业都有自己不同的问题，管理没有一剑封喉的秘笈，要从现场、现物、现实出发
	比日本工厂更高效 2：超强经营力 刘承元　著	企业要获得持续盈利，就要开源和节流，即实现销售最大化，费用最小化	掌握提升工厂效率的全新方法
	比日本工厂更高效 3：精益改善力的成功实践 刘承元　著	工厂全面改善系统有其独特的目的取向特征，着眼于企业经营体质（持续竞争力）的建设与提升	用持续改善力来飞速提升工厂的效率，高效率能够带来意想不到的高效益

续表

员工素质提升	**跟老板"偷师"学创业** 吴江萍　余晓雷　著	边学边干,边观察边成长,你也可以当老板	不同于其他类型的创业书,让你在工作中积累创业经验,一举成功
	销售轨迹:一位快消品营销总监的拼搏之路 秦国伟　著	本书讲述了一个普通销售员打拼成为跨国企业营销总监的真实奋斗历程	激励人心,给广大销售员以力量和鼓舞
	在组织中绽放自我:从专业化到职业化 朱仁健　王祥伍　著	个人如何融入组织,组织如何助力个人成长	帮助企业员工快速认同并投入到组织中去,为企业发展贡献力量
	企业员工弟子规:用心做小事,成就大事业 贾同领　著	从传统文化《弟子规》中学习企业中为人处事的办法,从自身做起	点滴小事,修养自身,从自身的改善得到事业的提升

营销类:把客户需求融入企业各环节,提供"客户认为"有价值的东西

	书名．作者	内容/特色	读者价值
营销模式	**变局下的营销模式升级** 程绍珊　叶　宁　著	客户驱动模式、技术驱动模式、资源驱动模式	很多行业的营销模式被颠覆,调整的思路有了!
	卖轮子 科克斯【美】	小说版的营销学！营销理念巧妙贯穿其中,贵在既有趣,又有深度	经典、有趣！一个故事读懂营销精髓
	弱势品牌如何做营销 李政权　著	中小企业虽有品牌但没名气,营销照样能做的有声有色	没有丰富的实操经验,写不出这么具体、详实的案例和步骤,很有启发
	老板如何管营销 史贤龙　著	高段位营销16招,好学好用	老板能看,营销人也能看
	动销:产品是如何畅销起来的 吴江萍　余晓雷　著	真真切切告诉你,产品究竟怎么才能卖出去	击中痛点,提供方法,你值得拥有
组织和团队	**升级你的营销组织** 程绍珊　吴越舟　著	用"有机性"的营销组织替代"营销能人",营销团队变成"铁营盘"	营销队伍最难管,程老师不愧是营销第1操盘手,步骤方法都很成熟
	用数字解放营销人 黄润霖　著	通过量化帮助营销人员提高工作效率	作者很用心,很好的常备工具书
	成为优秀的快消品区域经理 伯建新　著	37个"怎么办"分析区域经理的工作关键点	可以作为区域经理的'速成催化器'
	一位销售经理的工作心得 蒋　军　著	一线营销管理人员想提升业绩却无从下手时,可以看看这本书	一线的真实感悟
	快消品营销:一位销售经理的工作心得2 蒋　军　著	快消品、食品饮料营销的经验之谈,重点突出	来源于实战的精华总结
	销售轨迹:一位快消品营销总监的拼搏之路 秦国伟　著	本书讲述了一个普通销售员打拼成为跨国企业营销总监的真实奋斗历程	激励人心,给广大销售员以力量和鼓舞
	用营销计划锁定胜局:用数字解放营销人2 黄润霖　著	全方位教你怎么做好营销计划,好学好用真简单	照搬套用就行,做营销计划再也不头痛
	快消品营销人的第一本书:从入门到精通 刘　雷　伯建新　著	快消行业必读书,从入门到专业	深入细致,易学易懂
营销案例	**解决方案营销实战案例** 刘祖轲　著	用10个真案例讲明白什么是工业品的解决方案式营销,实战、实用	有干货、真正操作过的才能写得出来
	招招见销量的营销常识 刘文新　著	如何让每一个营销动作都直指销量	适合中小企业,看了就能用

续表

营销案例	**我们的营销真案例** 联纵智达研究院　著	五芳斋粽子从区域到全国/诺贝尔瓷砖门店销量提升/利豪家具出口转内销/汤臣倍健的营销模式	选择的案例都很有代表性，实在、实操！
	中国营销战实录：令人拍案叫绝的营销真案例 联纵智达　著	51个案例，42家企业，38万字，18年，累计2000余人次参与……	最真实的营销案例，全是一线记录，开阔眼界
	双剑破局：沈坤营销策划案例集 沈　坤　著	双剑公司多年来的精选案例解析集，阐述了项目策划中每一个营销策略的诞生过程，策划角度和方法	一线真实案例，与众不同的策划角度令人拍案叫绝、受益匪浅
产品	**产品炼金术Ⅰ：如何打造畅销产品** 史贤龙　著	满足不同阶段、不同体量、不同行业企业对产品的完整需求	必须具备的思维和方法，避免在产品问题上走弯路
	产品炼金术Ⅱ：如何用产品驱动企业成长 史贤龙　著	做好产品、关注产品的品质，就是企业成功的第一步	必须具备的思维和方法，避免在产品问题上走弯路
	新产品开发管理，就用IPD 郭富才　著	10年IPD研发管理咨询总结，国内首部IPD专业著作	一本书掌握IPD管理精髓
品牌	**中小企业如何建品牌** 梁小平　著	中小企业建品牌的入门读本，通俗、易懂	对建品牌有了一个整体框架
	采纳方法：破解本土营销8大难题 朱玉童　编著	全面、系统、案例丰富、图文并茂	希望在品牌营销方面有所突破的人，应该看看
	中国品牌营销十三战法 朱玉童　编著	采纳20年来的品牌策划方法，同时配有大量的案例	众包方式写作，丰富案例给人启发，极具价值
渠道通路	**快消品营销与渠道管理** 谭长春　著	将快消品标杆企业渠道管理的经验和方法分享出来	可口可乐、华润的一些具体的渠道管理经验，实战
	传统行业如何用网络拿订单 张　进　著	给老板看的第一本网络营销书	适合不懂网络技术的经营决策者看
	采纳方法：化解渠道冲突 朱玉童　编著	系统剖析渠道冲突，21个渠道冲突案例、情景式讲解，37篇讲义	系统、全面
	学话术　卖产品 张小虎　著	分析常见的顾客异议，将优秀的话术模块化	让普通导购员也能成为销售精英
	销售：如何与客户高层打交道 贺兵一　著	一套完整有效的销售策略	有工具，有方法，有案例，通俗易懂
	通路精耕操作全解：快消品20年实战精华 周　俊　陈小龙　著	通路精耕的详细全解，每一步的具体操作方法和表单全部无保留提供	康师傅二十年的经验和精华，实践证明的最有效方法，教你如何主宰通路

思想·文化：把客户需求融入企业各环节，提供“客户认为”有价值的东西

	书名．作者	内容/特色	读者价值
思想·文化	**史幼波中庸讲记（上下册）** 史幼波　著述	全面、深入浅出地揭示儒家中庸文化的真谛	儒释道三家思想融汇贯通
	史幼波心经讲记（上下册） 史幼波　著述	句句精讲，句句透彻，佛法经典的多角度阐释	通俗易懂，将深刻的教理以浅显的语言讲出来
	史幼波大学讲记 史幼波　著述	用儒释道的观点阐释大学的深刻思想	一本书读懂传统文化经典